阮元像

伊里布贈阮元『山川出雲作霖雨』大理石座屏

蘇州留園藏晚清貴州巡撫潘霨『韓園』款大理石屏

蘇州留園長輿『平梁居士』王毓辰款
盛宣懷舊藏大理石屏

# 出版説明

清代阮元所著之《石畫記》五卷，乃中國古代賞石典籍絢爛光華之餘暉，堪稱中華古石譜之殿軍者。同時其體例别開生面，阮氏父子以歷代名家古畫詮釋大理石之美學内涵，賞石如賞畫，大部中國古代美術史，貫穿《石畫記》所記二百九十八則。阮元爲一代經學名家、數朝重臣，治世之餘，閑情偶記，對大理石畫情有獨鍾，品評鑒藏，更以長歌絶律遣興吟詠，撰寫小品爲石作記，從詩人、文學家的心靈闡發賞石心得，一時同好贈答唱酬再三，盛況空前。全書洋洋數萬言，只爲點蒼奇石一種録譜，亦爲異數。阮元著作等身，影響最大的當屬《揅經室集》，其中《揅經室續集》卷十收録有較多的石畫詩。

《石畫記》版本，最早一種係道光二十年（一八四〇）學海堂藏版《石畫記》刻本（以下統稱『道光本』），其次爲光緒三年（一八七七）《學海堂叢刊》第一函之《石畫記》刻本（以下統稱『光緒本』）。以上兩種刻本，行格均爲半葉十行，而每行字數有所差異。道光版書名葉爲篆書書寫，且有『學海堂藏版』字樣。光緒本書名葉爲陳璞正楷題書名，署『學海堂叢刻之一』。道光本阮元自序、題詩在前，吴榮光序在後，光緒本則吴序刊于阮元自序之前。

美國康奈爾大學東亞圖書館，據稱有清宫舊藏之《石畫記》刻本。此外，中國國家圖書館藏有該書稿本一册。雲南省圖書館、臺灣傅斯年圖書館均藏有清鈔本五卷《石畫記》。筆者所見，尚有清咸豐五年（一八五五）成桂馨藍格鈔本一種，見于古籍拍賣會。《石畫記》問世垂兩百年，其傳播並不太廣。臺灣新文豐出版公司曾借用『中研院史語所』藏光緒本影印，收入《叢書集成三編》，爲僅見之刊行本。民國時期神州國光社所刊《美術叢書》，共收書二百八十一種，書畫之外，舉凡雕刻摹印、筆墨紙硯、磁銅玉石、工藝刺綉、印刷裝潢及諸多珍玩論著，廣爲搜輯，堪稱集美術論著之大成者，其中不乏較冷門石譜文獻，而《石畫記》亦付闕如。

此次校註，以道光二十年（一八四〇）學海堂藏版《石畫記》刻本作爲底本，參以光緒三年（一八七七）《學海堂叢刊》刻本，擇善徑入，校記附于各篇。

阮元、阮祜書中原註，加以標點，沿用刻本縮小字型大小的方式，繫于原書位置。

根據本書特點，爲方便讀者閱讀，對美術家人名、生僻地名、典故、術語、語詞予以簡註。凡阮元與友朋、門生贈答唱和，涉及『石屏』『石畫』而其人著述有案可稽者，翻檢若干，徵引本事，亦稍作箋註，僅供參閱。

此外，根據《續修四庫全書》所收《揅經室集》六十二卷本影印本，補輯若干阮元《石畫記》未收録而與『石畫』有關的内容，作補輯爲本書附録。《石畫記》稿本采用部分照片，承周啟成先生提供，留園部分圖片爲蔡小川先生提供，在此一并深爲感謝。

此書的校註，疏誤之處難免，殷切期待讀者的批評與指正。

美國國會圖書館藏清代照片中的大理石屏

蘇州網師園中的大理石屏

# 夢石奇緣：《石畫記》與《天際烏雲》帖

蔣暉

阮元赴滇後熱衷大理石『石畫』收藏，源自翁方綱蘇齋所藏『天際烏雲』石屏。《石畫記》卷一附録阮福所作《春喜齋詩記》，提供了一則綫索，筆者據此索隱，發現阮元熱衷大理石屏鑒賞之肇因，在蘇軾《天際烏雲帖》；其藏石之路的『引領者』，正是清代學者翁方綱。具體而言，翁方綱一生仰慕蘇軾人格才華，顔其書齋名『蘇齋』，蘇齋中曾陳設有一塊『書畫詩夢石硯屏』，又稱『天際烏雲』玳瑁石屏。翁方綱得意之餘，曾作長歌並廣邀名士唱詠。以此因緣，阮元在金石考據、古物鑒賞方面與翁方綱志同道合，不論來京述職，或是千里寄書，從乾隆五十八年（一七九三）到翁方綱去世，二十幾年間二人交遊切磋頻密，而蘇齋中那具集宋人書法、詩歌、繪畫諸多藝術内涵的『書畫詩夢石硯屏』，見證了這兩位碩儒的交誼與風雅傳承，北宋以來硯屏賞石的傳統，因『書畫詩夢石硯屏』『烏雲紅日屏』而得以延續光大。西方藝術品市場將來自中國點蒼山的古代天然大理石稱爲『DREAMSTONE』，巧合也是暗合：石畫如夢，詩夢如畫，在此試爲破解隱藏在《石畫記》中的『文化密碼』以饗讀者。

清代學者阮元（一七六四—一八四九），字伯元，號芸臺。江蘇儀徵人，乾隆五十四年（一七八九）進士，先後任禮部、兵部、戶部、工部侍郎，山東、浙江學政，浙江、江西、河南巡撫及漕運總督、湖廣總督、兩廣總督、雲貴總督等職。擔任雲貴總督時，雅好點蒼山畫面石，看作天然石畫，數年一共選石二百九十八塊，詳録尺寸、圖案，各有品題，成《石畫記》五卷，問世近兩百年，影響深遠。《石畫記》附録，有阮元兒子阮福[一]一篇《春喜齋詩記》，專記『烏雲紅日』石事略：

戊子夏，家大人購得烏雲紅日石。方尺許，宛然雨景，而山腰淡紅黃色又如日光。又有樓樹隱約之狀，絶似小米著色雲山小幅。家大人以蔡君謨《夢中詩帖》『天際烏雲含雨重，樓前紅日照山明』二句題之，恰切之至。

昔翁覃溪先生有玳瑁石屏肖此詩意，曾刻蘇書蔡句于屏，作《書畫詩夢石研屏歌》，載《復初齋集》。劉醇甫[二]編修《尚絅堂集》及一時名公集，多有詠蘇齋石屏詩。家大人云，蘇齋石屏未曾見之，若與此較，未知何如？蘇齋石，朱野雲山人曾見之。今山人見此石，云此石爲勝。

這段文字非常重要，揭示了一段清代大理石鑒賞的重要史實。

『夢中詩帖』，即蘇軾《天際烏雲帖》，真跡録蔡襄《夢遊洛中》詩一首：『天際烏雲含雨重，樓前紅日照山明。嵩陽居士今何在，青眼看人萬里情。』因詩中文字，又稱《嵩陽帖》《烏雲紅日帖》。蘇軾在此帖中更記述了蔡襄與杭州營妓周韶事跡，此帖書法内容俱佳，歷代大家珍藏輾轉，著録甚詳。

翁方綱（一七三三—一八一八），字正三，號覃溪，晚號蘇齋，大興人。乾隆十七年（一七五二）進士，官至内閣學士、鴻臚寺卿，是清代著名的金石學家、書法家。乾隆三十年（一七六八）翁方綱在廣東偶得《天際烏雲帖》，稱『珍珠船』之最，隨後四十多年時間，翁方綱屢次廣邀好友名流學者題跋繪圖、題詠唱酬，稱平生快事。翁方綱一生拜服蘇軾，乾隆三十八年（一七七三），在琉璃廠書肆獲宋槧（宋犖舊藏）《蘇東坡詩施（元之）顧（禧）註》殘本三十一册，係宋犖舊藏，有汲古閣毛晉、宋犖諸家藏印。翁方綱遂自題《寶蘇齋》屋匾。後書齋改稱『蘇齋』，幾乎每年都舉辦『拜蘇』生日雅集。

嘉慶八年（一八〇三）癸亥，時隔獲藏《天際烏雲帖》三十六年後，翁方綱得『五峰居士』[三]所贈一石屏，『幻景天成，一補數十年來畫家難名之妙』『即以此石裝架，而縮臨坡書君謨夢詩鐫于其側也』。這塊石屏令翁方綱大爲欣喜，本年十二月九日，翁方綱有《書畫詩夢石硯屏歌》長詩以賦：

我題書畫詩夢石，五者定知孰後先。書中詩畫石中夢，有若象數相滋然。
請從吾齋詩夢說，畫家經營三十年。雨亭鄭叟潤藥洲上，吸月來壓珍珠船。
同攜大癡綽墩卷，墨雲挾雨龍蜿蜒。鄭叟三日爲我仿，後春北上誇老錢謂擇石。
蘇書蔡夢杭守句，烏雲紅日嵩陽緣。江南鶯花倒眉暈，西湖雪羽飛柳綿。
一以君謨唱來和，神光離合難爲傳。錢子羅生聘迭商確，吮豪未敢覃錦邊。
三湘老史閔呆子貞，一夕大叫狂非顛。空中噀墨灑虛壁，濕紙紺起飢蛟涎。
至今裝潢此帖背，雲帥惚恍神情牽。帖中有人憑樓立，蘇耶蔡耶言莫宣。
我齋十百笠屐影，藹爾訊寄靈筳篿。今宵雪後乃忽悟，五峰居士書畫禪。
書非詞筆畫非墨，九霞洞接空濛天。似雨疑晴章疑霧，真宰元氣相迴旋。
山開一面受紫翠，遠極無際吞雲煙。斜峰陡起削天半，半與雲氣低空懸。
空外江光墨搖動，銀河赤岸來飛泉。恐是荊關董巨輩，精魄幻現于丹鉛。
不然熙寧元豐日，詩酒痕涴留山川。依然樓頭目真見，錢塘午枕官閣前。
鍥舟囊寫蘇與蔡，執著窗幾紛堂筳。如此蘇齋研屏石，豈假星月歐梅篇。
我有偃松枕屏字，亦出鶴嶺羅浮仙。松屏今與石屏合，四百二峰收一卷。
眼青萬里是何處，風落電轉規輪圓。粉箋殘幅乃真境，衆山應響元無弦。
有鄰齋銘篆香淡，寶晉研石徒牽纏。西陂那必麓台卷，晚香縮本旃檀鐫。

予以坡書夢詩縮臨此屏之側。

嘉慶九年（一八〇四）五月，翁方綱鄭重再三，撰寫《石畫軒記》：

予藏蘇書蔡君謨《夢詩帖》將四十年矣，遍覓好手寫之，未肖也。嘉慶癸亥冬得石屏，妙出天然，真此詩意也已。明年暮，重葺茅齋，名之曰『石畫軒』。蓋晴陰不可合，而夢幻難爲傳，今竟于造化神力遇之，異哉。昔歐陽子詠石屏，有神鬼鐫鑱之句，第不識君謨夢境，豈亦與造物者合契耶……軒可名也，石畫孰從而名歟？吾還以蘇帖質之。

珍重如此，《天際烏雲帖》不僅是蘇齋書畫珍藏之最，存世傳爲蘇軾所書的一百多件墨跡中，《天際烏雲帖》題跋最多，也是得力于翁方綱的收藏品鑒，數十年中一再題跋、不憚考據，吟詠不輟，蔣士銓、劉墉、葉觀國、程晉芳、張塤、吳錫麒、周厚轅、王友亮、桂馥、沈心存、宋葆惇等名流，唱和如雲，最終形成《天際烏雲帖考》二卷，後被收入民國《美術叢書》。每年在蘇軾的生日，《天際烏雲帖》被當成祭祀供品。出使中國的朝鮮使臣也以拜觀此帖爲文雅盛事。翁方綱老于鑒賞之道，賞看收藏，别出心裁：

乾隆三十七年（一七七二），翁方綱自廣東返京。五月，爲錢載臨此帖。又二月，二人共訪畫家羅聘于北京萬明寺僧舍，請羅聘爲繪《夢中詩》二句爲圖。

乾隆四十二年（一七七七），好友、畫家宋芝山爲作山水，翁方綱以爲頗得《嵩陽帖》首二句神理，因以『天際烏雲卷』目之而繫以詩。

乾隆四十三年（一七七八），翁方綱曾臨蘇書蔡詩于小屏上，並有題詩。

乾隆四十五年（一七八〇）春，請『廣濟閔（貞）生爲寫二句詩意』。同年，請羅聘爲摹《陳老蓮東坡雪笠折梅小像》于《天際烏雲帖》首，翁方綱以東坡元豐七年（一〇八四）金陵舟中書句雙鈎以代贊語，附綴以詩。

乾隆四十六年（一七八一），翁方綱『徐潭侄』自莆田來北京，爲其繪作《天際烏雲詩意圖》，並摹《坡公笠屐像》，合裝爲軸供齋中，翁有二詩記之。同年有詩《因曹卓亭歸震澤致吳興沈芥舟求畫天際烏雲句意附以詩往》，記述曾邀請吳江沈宗騫根據『烏雲紅日』詩境繪圖。

乾隆五十年（一七八五），翁方綱將徐潭所畫『二句詩意圖』軸，贈與即將去湖南的楊鈍夫爲餞行禮物。

乾隆五十九年（一七九四）十月，宋葆惇贈以蘇軾《偃松屏贊》殘卷（存五十二字）。宋葆惇後根據贊詞内容，爲此卷繪圖，好友羅聘亦作《偃松屏圖》。此時距二人乾隆三十七年（一七七二）在萬明寺的初識，已過去整整二十二年，相對白髮矣……同年，乾隆四十五年（一七八〇）請閔貞所繪『二句詩意圖』，在時隔十五年後，裝裱于《天際烏雲帖》坡公墨跡前。

據此可知，翁方綱在入藏《天際烏雲帖》後將近十年，共邀請了羅聘、閔貞、沈宗騫等至少五位畫家、好友先後爲此帖『天際烏雲』詩意專門繪圖。從翁方綱《書畫詩夢石硯屏歌》可證，錢載、羅聘等人曾多次商議、構思『烏雲紅日』詩意圖。據沈津《翁方綱年譜》載，甚至是翁方綱與羅聘結識見面之初，翁方綱就提出以『二句詩意』繪圖的請求，這兩位乾嘉時代學者、畫家的交誼，若説是從『天際烏雲』開始，亦不爲過！同樣，根據《書畫詩夢石硯屏歌》可知，同爲『揚州八怪』的畫家閔貞也曾應邀爲『烏雲紅日』詩意繪圖，『至今裝潢此帖背』。

但翁方綱，似乎仍意猶未足，而若有所憾。

『天際烏雲含雨重，樓前紅日照山明。』據説是蔡襄夢中所得之句，詩中神秘意象或久在腦海，即便一衆丹青高手，雖深知翁方綱『嗜蘇成癖』，竭盡心力圖形描畫，但文學賦予自然的奇景，有時『此情此景此意』，只在人心夢影，寫實而出確是難題。

這種深埋心底的遺憾，一直到嘉慶八年（一八〇三），七十一歲的翁方綱休致回籍，獲贈『書畫詩夢石硯屏』，終于圓滿畫上了句號。

人力雖工，終有極限，曾令羅聘等畫家煞費苦心、拈筆躊躇的二句詩意圖畫，數十年一直呈現在翁方綱腦海中的神秘意象，一日落在天然玳瑁石屏，居然真實無虛，『悟端明之舊夢，證蘇齋之墨緣』，翁方綱由衷認可，贊嘆不已：『夢幻難爲傳，今竟于造化神力遇之，異哉。』翁方綱有《奉謝五峰居士惠石硯屏》詩，感謝『五峰居士』贈石：

五峰十指煙嵐出，幻作天然紫翠屏，盡攝烏雲紅日影，嵩陽雙眼爲誰青？
前身對榻即歐蘇，待寫邢房古寺圖。松際昏黃明月在，要分詩夢到江湖。

得詩夢石屏次年，翁方綱有詩，題爲《篋藏文衡山山水大軸十二年矣，直待夢詩石屏乃對掛幾間，再題二詩》。

得詩夢石屏後二年，嘉慶十年（一八〇五）十二月十九日，翁方綱始裝硯屏寫樣于卷，即有詩一首題蘇齋圖後。

翁方綱的執念與感動，真實，深刻。

這種感動，一定也深深打動了阮元。

阮元與翁方綱交遊甚密。阮元科第未達時，淩廷堪曾上書翁方綱，向其舉薦阮元，並告之阮元學識淵博自愧不如云。

阮元進士登第後，仕途順暢，不到三十歲出任山東學政，前往濟南與前任山東學政翁方綱交接，其時翁方綱在經學、金石考訂領域已名滿天下。而阮元得到乾隆皇帝的賞識，少年才俊之聲遠播，日後更是文武兼修的朝廷重臣。之後二十多年時間裏，兩代翰林學者，在金石、古籍、書畫鑒藏活動多有交集：

嘉慶三年（一七九八），阮元攜浙江所獲漢晉古磚製成磚硯至京師，翁方綱見而寶之，有《五鳳五年磚記》並作七古二十韻。

嘉慶四年（一七九九），翁方綱爲阮元所藏董文敏仿趙孟頫《鵲華秋色圖》題詩。

嘉慶七年（一八〇二）九月，翁方綱有致阮元書札提及，『而大人所惠蔡詩，卷帙重大，一時未及攜篋。』翁方綱對『蔡詩』的迷戀，阮元不僅理解，而且非常支持；同年，阮元將西漢定陶鼎付焦山寺僧收藏，翁方綱賦《鼎歌》長詩。

嘉慶八年（一八〇三）六月，當時任浙江巡撫的阮元進京，翁方綱爲題《積古圖》。八月，再爲作《積古圖後記》；本年還有《鐘鼎款識歌》寄阮元。

嘉慶十年（一八〇五），翁方綱有《元康磚歌》寄阮元。

嘉慶十一年（一八〇六），阮元守制回到揚州，在雷塘墓廬附近甘泉山惠照寺階下，獲西漢廣陵厲王劉胥塚二石。翁方綱有《揚州甘泉山石字歌》寄阮元、伊墨卿。

嘉慶十二年（一八〇七）七月，阮元撰寫《甘泉山獲石記》，將是《記》與翁方綱《甘泉山石字拓本跋》《揚州甘泉山石字歌》，一並刻石嵌于揚州府學。

嘉慶十四年（一八〇九）十月，阮元、屠倬集蘇齋中，翁方綱出示手摹華山廟碑凡三本。冬月阮元拜謁翁方綱，有《貞觀金塗造像阿彌陀銅牌歌，集翁覃溪先生齋中作》詩。

嘉慶十五年（一八一〇）三月，阮元巡撫浙江任上抵京，以所得《岱頂廿九字》、所藏《漢西嶽華山碑四明本》來蘇齋，屬先生觀賞、再題。同年四月，阮元爲翁方綱在杭州刊刻詩集將成，有札付翁方綱，談及杭州靈隱寺建『書藏』，希望將《復初齋詩集》入庋靈隱『書藏』；翁方綱有《靈隱書藏歌》。七月，翁方綱向阮元借四明本校揚州新刻《隸韻》，題詩六首。本年，翁方綱爲阮元《雷塘庵主像》題詩。

嘉慶十六年（一八一一），翁方綱跋阮元積古齋藏金石拓片。三月上巳日，應朱野雲邀請，阮元治具小集萬柳堂爲秦瀛送別。翁方綱赴會並有詩。阮元有詩和之。

嘉慶十七年（一八一二）春，阮元從曲阜借漢建初銅尺到京，葉東卿以洋銅仿鑄三尺，一贈阮元，一

蘇州留園大理石陳設場景

蘇州網師園大理石陳設場景

贈翁，一自存。時年八十歲的翁方綱爲作《建初銅尺考》，阮元亦有詩記之。同年八月，阮元改任漕運總督，翁方綱有贈詩。十一月，翁方綱《仿鑄漢建初銅尺歌》寄示阮元，阮元和之。

嘉慶十八年（一八一三）春，陳鍾溪邀請陳石士、朱野雲、潘世恩、葉琴柯等人同遊萬柳堂，朱野雲繪《停雲圖》紀之，翁方綱題卷『柳涇停雲』，有《野雲寫萬柳堂横卷寄芸臺》詩。

嘉慶十九年（一八一四），翁方綱重赴瓊林宴，受賜二品銜。阮元有詩祝賀翁方綱重赴甲戌科恩榮宴，稱贊『先生學與精神合，試看江河萬古流』。

……

論收藏大理石畫之天時地利人和，種種難得機緣，盡在一部《石畫記》中：

阮元以雲貴總督之顯赫地位，早年還入值内府參與書畫整理、編纂《石渠寶笈》之眼力，尤其作爲金石大家之學養，其詩文鑒賞藝術品味造詣海内公認，論巨眼獨具品鑒天然石畫，阮元自是海内無群。

而同樣在阮元腦海中久久不去的，卻是『天際烏雲帖』，是『烏雲紅日』這一神秘夢中意境。蔡詩、蘇書，兩位北宋文人創造出的藝術世界，雖是一紙幻境寫夢境，隨著歲月更迭，居然衍生出更多的現實物象，這真是中國古代藝術的一個奇跡：書、畫、詩、夢，統統歸于石，夢應無色，而『天際烏雲含雨重，樓前紅日照山明』，卻五色斑斕觸手可摸。閲軍點蒼山下，勒兵國境之南，阮元在雲貴任職期間身負重任，而治滇閑暇，搜石成卷，二十多年前蘇齋中與翁方綱共賞碑帖討論金石的情景，往往浮現腦海，正如阮福所記，『家大人云蘇齋石屏未曾見之，若與此較，未知何如？』

這一疑問，久在心頭。

翁方綱一生最大得意事，莫過于蘇齋所藏《天際烏雲帖》、宋板《蘇詩施註》二種。翁方綱入藏《天際烏雲帖》四十多年之後，再獲『圖畫難描』之『烏雲紅日』天然玳瑁石屏，雖未親眼目睹，此事一定給阮元留下了深刻印象。阮元《得復初齋全集，邕州舟中讀之，即寄野雲山人》詩，還提到赴石畫軒拜訪之事：

憶昔庚辛間，袂與野雲挈。紅塵不到處，常嚮蘇齋謁。談經兼論詩，金石緣亦結。石墨書樓中，摩挲遍碑碣。有時坐詩境，清言落玉屑。有時石畫軒，山雲贈怡悅。東郊古寺遊，拈花聽僧偈。

很奇怪，按照阮福說法，去過石畫軒的阮元，一直未曾親眼目睹翁方綱的詩夢石屏。

或許，也正因爲阮元未曾目睹詩夢石屏，一入雲南點蒼山，搜石之興一發不可收。『烏雲紅』也成爲《石畫記》中出現最多的品題之石。據《石畫記》載：『計自戊子後，庚寅辛卯間，合烏雲紅日者十餘石矣。』阮元自道光八年（一八二八）起，短短三年間，覓得十七塊同題之石，所謂境由心造，看山都是山，阮元心目中第一等的石畫，當屬遙承北宋風雅的蘇書蔡詩嵩陽帖、蘇齋前輩銘心屏。

同類『烏雲紅日』雖有十七石之多，阮福特別寫作《春喜齋詩記》所記那塊『烏雲紅日』石，無疑屬第一神品，來看阮元的文字描述：

烏雲紅日，方幅。高一尺五寸，橫一尺六寸。

中橫綠色山，山上雲氣層疊垂蕩，山下坡陀有紅黃色如日光照山。又有似樓側山墻者，恰在坡左。乃摹刻蘇帖『天際烏雲含雨重，樓前紅日照山明』句于石右。其左角刻石背亦有『烏雲紅日』之意而不及正面。惟雲際有四白痕，宛然如人指，因悟此痕亦與帖合。復用蘇帖蔡詩韻題二絕。

近年大理石中，間有瑩白之處，向燈照之，能明如鴨卵殼。此石『紅日照山』之處能照見瑩明。

阮元爲此石題詩云：

不學元和元祐腳，何人指爪太分明。嵩陽詩意蒼山畫，斂手蕾芽得此情。

蘇書得似古釵股，誰爲金釵畫指間。若不誤逢寒具手，竟將一抹向雲添。

一十七塊『烏雲紅日』石，阮元對此尤爲珍視，篆刻『揚州阮氏夢詩書畫石』命名之，其宗旨集『夢』

『詩』『書』『畫』『石』五美絶倫于一屏之上，正見其内心對翁方綱蘇齋『書畫詩夢石硯屏』的禮贊與唱酬，其時翁方綱已經去世多年，阮元品題此石的心情，何止懷念，『山東我代公，石帆亭上别』。十數年間京師幾度久别再晤，促膝同賞碑刻談論金石，往事如夢夢如塵，都在屏風上。

阮元更在詩中自註『此石付吴婿公謹』，更見寶愛珍重，有所謂『子孫永葆』之意。而阮福在幫助父親編纂《石畫記》五卷過程中，對此石也特加留意，更賦長詩，盛贊父親所藏此石勝過蘇齋：

點蒼山色青如蓮，嵩陽天竺誰後先。神工偶爾鑿山骨，割來一片成天然。
此屏著色方尺許，詩景畫意天生全。上方氣黑色深重，烏雲含雨遮長天。
下方忽變乍晴景，照山紅日明樓前。此景此情畫不到，造物並寫詩夢緣。
石中有畫已足異，況合古句奇如仙。昆華節院夏不暑，一屏靜對雲生煙。
可識端明夢詩意，法帖更證東坡鐫。蘇齋玳瑁石相仿，近人詩集多流傳。
此石蘇齋如早見，定有長句來琅嬛。

翁方綱之詩夢石屏，屏心石材阮福記爲『玳瑁石』，此說不知從何而來。阮元、阮福皆未曾親眼見到此石。點蒼大理石奇幻瑰麗，山水、人物、花鳥、神佛圖案一應具備，自明代中葉起就被鎮守太監作爲貢品輸入京師，其黑白雲山高雅如米家山水，不同礦區所出，更有五色兼備，質地如玉，各種圖案之奇，允爲天下第一。阮福數年間一直在雲南，參與父親選石活動，見識既廣，眼界亦高，此詩結尾二句强調父親與翁方綱交誼，也頗見顧盼自得之意。阮福《春喜齋詩記》提到『劉醇甫編修《尚絅堂集》及一時名公集，多有詠蘇齋石屏詩』。這段文字提供了另外資訊，嘉慶八年（一八〇三）翁方綱得到書畫詩夢石硯屏，蘇齋門下士林唱和紛呈，筆者暫時考證得以下三種：

一、樂均《青芝山館詩集》，有《覃溪先生舊藏蘇書蔡君謨夢中詩墨跡，屢覓畫手圖烏雲紅日二句之景，訖不能似。嘉慶癸亥冬得此屏，石色石紋天然妙繪，命爲此詩》。

二、楊芳燦《芙蓉山館全集》，有《蘇齋石硯屏歌爲覃溪先生賦詩，屏徑二尺，横一尺二寸，烏雲紅日妙繪天然奇物也》。

三、劉嗣綰《尚絅堂集》，有《蘇齋石屏詩》，即阮福《春喜齋詩記》中所提及者。

有賴楊芳燦的詩題，兩百多年後我們獲得詩夢石屏更確切的信息，詩夢石『屏徑二尺，横一尺二寸』。這個記載和翁方綱本人《復初齋詩集》所記尺幅大致契合。

翁方綱徵詠詩夢石屏事，在當時士林影響頗廣。蘇齋之中，石屏隨即紛至沓來——嘉慶十四年（一八〇九），張燕昌委託朱虹舫寄贈一煙樹石畫硯屏給翁方綱，隨行禮物還包括一方古磚硯，張燕昌在硯上親自鐫刻蘭芽圖。翁方綱感念老友金石之契，暌違三十年後以石屏饋贈，賦長詩以謝。同年，翁方綱兒子再得一兩面石屏，圖案絶肖翁方綱昔年曾跋明代畫家馬愈《臨繆佚山徑雜樹圖卷》，此卷曾爲『沈石田尊人所藏』，而同名石屏上有松桂桃李、繁林飛鳥、墨池月影物象。翁方綱得意，亦有詩賦之。

嘉慶十九年（一八一四），翁方綱《又得石硯屏水墨寫天際烏雲二句意》：『十年齋匾題石畫，硯屏架庋蘇像旁。』

以上三屏，除了張燕昌所贈來歷清晰，另外兩屏，詩中並未透露來源，而石屏屬于何種石材，也只能大致揣測。而無論如何，蘇齋中稱第一者，必屬詩夢石屏無疑。

行文即將結束之際，多談幾句阮福《春喜齋詩記》所提『山人』朱野雲。『蘇齋石，朱野雲山人曾見之。今山人見此石，雲此石爲勝。』

此句看似閑筆，其實意蘊頗深。

朱鶴年（一七六〇—一八四四），字野雲，號野堂、野雲山人。泰州人，清代畫家。朱鶴年和翁方綱結識較早，嘉慶九年（一八〇四），馬蘭峪守陵三年後，翁方綱致仕回到北京，在《致友人札》中提到說：『三年不拜坡公生日，今月十九，必踐此言矣……其城外得暇者，惟有伊墨卿、董小池、朱野雲耳。』朱鶴年、阮元的交誼更早，《阮元年譜》稱他：『早年以同鄉相友善，己巳後數年，曾與山人遍遊都下諸伽藍。』嘉慶十五年到十六年（一八一〇—一八一一），阮元到京述職，和朱鶴年頻繁會于京師，朱野雲常偕阮元遊萬柳堂。

嘉慶十六年（一八一一）正月，朱鶴年爲翁方綱繪《東坡笠屐像》，同年二月上巳日，由朱野雲邀請，阮元治具小集萬柳堂，爲秦瀛送別，翁方綱出席並有詩。阮元有《萬柳堂同人小集，看野雲處士載柳，和翁覃溪先生》詩。

嘉慶十八年（一八一三）春，陳鍾溪邀請陳石士、朱鶴年、潘世恩、葉琴柯等人同遊萬柳堂，朱鶴年繪《柳涇停雲》圖卷寄送阮元，翁方綱、阮元皆有詩紀。

嘉慶二十二年（一八一七），是翁方綱去世前一年，這年翁方綱八十五歲。任湖廣總督的阮元請翁方綱爲宋版《金石録》十卷題跋，由朱鶴年寄送到京，翁方綱留之案頭賞玩累月，爲跋數百字，復寫《重鐫金石録十卷印歌》奉贈，並爲阮元刻『金石録十卷人家』印章。

朱鶴年以一介布衣山人，畫家身份交遊京師，見證了翁方綱『天際烏雲』詩夢石屏故事的延續。

最終，一代經學、金石大家阮元，以歷代名畫、唐人詩意詮釋大理石之美學意境，『雲山氣象』因阮元的『再次觀看』而『點石成畫』，結合古畫、詩境的『石畫』概念，賦予大理石這一平面賞石更豐富的美學內涵。阮元選石二百九十八塊，成就一部《石畫記》，道光二十年（一八四〇）刊刻收入《學海堂叢刻》。所謂夕陽餘暉，堪稱中華古代賞石譜録之殿軍者。

以北宋《天際烏雲帖》夢中得句的神秘作爲緣起，九百多年來，此帖雖真贋存疑（翁方綱所藏，疑爲摹本，今在上海博物館），歷經周密、柯九思、張雨、倪雲林、項元卞、李日華等人著録、收藏、題跋，流傳複本有三種之多。僅從賞石角度而言，『拜蘇』一生的翁方綱，將《天際烏雲帖》由紙卷墨痕，書畫詩夢，移情到一具案几石屏，遂有之後的阮元《石畫記》横空而出。

回想乾隆三十年（一七六五），翁方綱意氣風發出任廣東學政，于羅浮春山獲此『烏雲紅日』；道光二十年（一八四〇），阮元搜石點蒼十九峰，豪邁寫成《石畫記》，真夢石奇緣耳！

註釋：

［一］阮福：阮福（一八〇一—一八七八），字賜卿，號喜齋。阮元三子。歷任戶部郎中，平凉、宜昌、德安知府。

［二］劉醇甫：劉嗣綰（一七六二—一八二〇），字醇甫、簡之，號芙初、扶初。江蘇陽湖人。嘉慶十三年（一八〇八）進士，官編修。擅詩詞，有《尚絅堂集》。

［三］五峰居士：據筆者考證，初步認爲『五峰居士』或爲鄂嶽。

主要參考書目：


阮元《石畫記》　學海堂叢刻

翁方綱《復初齋文集》《復初齋集外詩》《復初齋集》　《清代詩文集彙編》三百八十二册

沈津《翁方綱年譜》　中研院中國文哲研究所

王章濤《阮元年譜》　黄山書社

美國國會圖書館藏清代照片中的大理石屏

# 目録

石畫記卷二……七三

## 石畫記卷三……一三三

青山晴翠

華巒雲綫

白露橫江

窗泉嚮夕

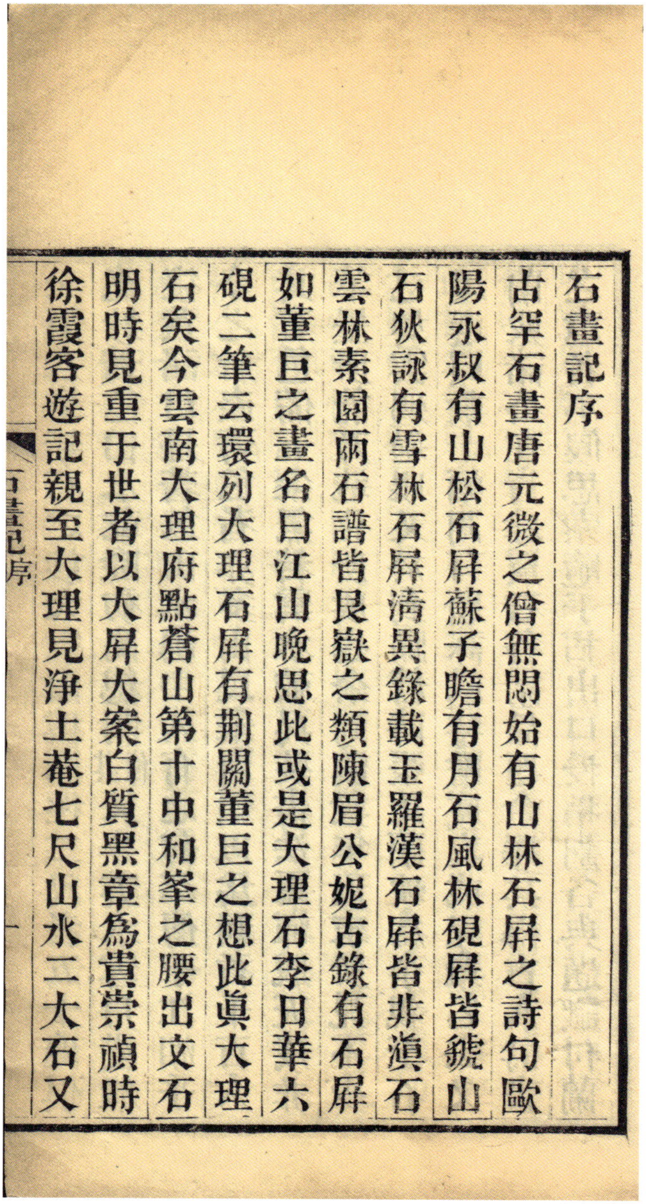
石畫記序
古罕石畫唐元微之僧無悶始有山林石屏之詩句歐
陽永叔有山松石屏蘇子瞻有月石風林硯屏皆虢山
石狄詠有雪林石屏清異錄載玉羅漢石屏皆非滇石
雲林素園兩石譜皆艮嶽之類陳眉公妮古錄有石屏
如董巨之畫名曰江山晚思此或是大理石李日華六
硯二筆云環列大理石屏有荊關董巨之想此眞大理
石矣今雲南大理府點蒼山第十中和峯之腰出文石
明時見重于世者以大屏大案白質黑章爲貴崇禎時
徐霞客遊記親至大理見淨土菴七尺山水二大石又

石畫記序　一

《石畫記》序書影

# 石畫記序

古罕石畫，唐元微之[一]、僧無悶[二]始有山林石屏之詩句。歐陽永叔有山松石屏[三]，蘇子瞻有月石風林硯屏[四]，皆號山石[五]。狄詠有雪林石屏，《清異録》載玉羅漢石屏，皆非滇石。《雲林》[六]《素園》[七]兩石譜皆艮嶽之類。陳眉公[八]《妮古録》有石屏，『如董、巨之畫，名曰「江山晚思」』，此或是大理石。李日華[九]《六硯二筆》云：『環列大理石屏，有荆關[十]、董巨[十一]之想。』此真大理石矣。今雲南大理府點蒼山第十中和峰之腰出文石。明時見重于世者，以大屏大案白質黑章爲貴。崇禎時《徐霞客遊記》親至大理，見淨土庵七尺山水二大石，又云第八峰新石之妙，大空山樓間徑二尺者五十塊，俱絶妙著色山水。

乾隆初，高總制其倬[十二]又分雲水雪月、淺緑微黄諸目，是著色山水，滇中久有之，何罕傳于江湖乎？今之所産著色者亦多，山民采賣賴以爲利者千百人，其石色備五彩，氣若雲水，較吴裝[十三]畫法更渾脱天成，非筆墨所能，乃造化所成也。余到滇數年以來所見不少，已如雲煙過眼。又于到點蒼時，張氏蘭坡[十四]爲余親至石屋選買數十幅，間有題詠，或持贈戚友，或兒輩乞去。又蘭坡諸公在省肆買石，各請品題。余擇其得古人詩畫之意者，不假思索隨手拈出，口授指畫各與題識，付蘭坡暨侄蔭曾[十五]或鐫或記，半不憶爲誰之石，否則各石雖有造化之巧，猶未鑿破混沌。且記書畫之書雖多，未創此格。余曾見宋元真跡數百種，亦未見此格也。其未經余見而不得品題者更不知幾何。此亦如人才，不遇知己，殊可惜矣。昔歐陽永叔、梅聖俞、蘇子美、蘇子瞻、范純甫皆有《月石風林硯屏》詩。吟賞不已，是其意趣遠于俗情。今之石，勝于宋石，更惜歐蘇諸公未見耳！

道光十二年揚州阮元 序于滇南節署石畫軒。

註釋：

[一]元微之：唐代詩人元稹。阮元所引《石屏風》詩句，不見于《元氏長慶集》及『補遺』各卷。考爲北宋梅堯臣《廣陵歐陽永叔贈寒林石硯屏》中句。阮元所引，爲誤記。

[二]無悶：唐末五代蜀僧，能詩。

[三]山松石屏：熙寧四年（一〇七一），蘇軾赴任杭州刺史，中途與弟弟蘇轍一起赴潁州拜訪已致仕的老師歐陽修。歐陽修出所藏的松石硯屏讓蘇軾、蘇轍賞玩，邀其各作一詩詠之，『二蘇』對石屏萬古蒼松的水墨意象尤爲贊許。

[四]月石風林硯屏：慶曆八年（一〇四八），歐陽修得到虢州刺史張景山所贈一塊虢石硯屏，『中有月形，石色紫而月白，月中有樹森森然，其文黑而枝葉老勁，雖世之工畫者不能爲，蓋奇物也。』歐陽修以爲『古所未有』，寫樂府長詩《月石硯屏歌》，並專門請人爲其畫圖，寄贈好友蘇舜卿等索詩，唱和成一時盛事。蘇軾亦曾將月石硯屏贈送友人。寒林屏，蘇東坡與黃庭堅二人曾同賦狄詠所藏雪林石屏。

[五]虢山石：產地在河南『虢州朱陽縣』，與陝西、山西兩省交界，古稱虢國。虢石以硯臺石材在唐朝就成爲朝廷貢品，《通典》謂『虢州歲貢硯十枚』。北宋蘇易簡（九五八—九九七）《文

房四譜》載：『今睹歲貢方物中，虢州鍾馗石硯二十枚，未知鍾馗得號之來由也。』歐陽修詠虢山石屏：『虢工刳山取山骨，朝鑱暮斫非一日，萬象皆從石中出。』

〔六〕雲林：中國古代第一部石譜《雲林石譜》，南宋紹興三年（一一三三）譜成，作者杜綰。

〔七〕素園：《素園石譜》，明代松江林有麟著。

〔八〕陳眉公：陳繼儒，字仲醇，號眉公。松江人。晚明文學家，名士。

〔九〕李日華：字君實，號竹嬾。嘉興人。官太僕寺少卿，晚明收藏家、書畫家。

〔十〕荆關：五代畫家荆浩、關仝。荆浩，山西沁水人，後梁畫家，字浩然，號洪谷子。因避戰亂，常年隱居太行山。擅畫山水，師從張璪，吸取北方山水雄峻氣格，勾皴之筆堅凝挺峭，爲北方山水畫派之祖。關仝，長安人。五代後梁畫家。畫山水早年師法荆浩，畫風樸素。師徒以擅畫北派山水齊名，並稱『荆關』。

〔十一〕董巨：五代畫家董源、巨然。董源，江西鍾陵人。南唐畫家，南派山水畫開山鼻祖。山水初師荆浩，筆力沉雄，後以江南真山實景入畫，疏林遠樹，平遠幽深，皴法狀如麻皮，後人稱爲『披麻皴』。巨然，五代畫家，著名畫僧。江西鍾陵人。南唐降宋後，隨後主李煜來到開封。山水師法董源水墨，擅繪煙嵐氣象，專畫江南山水，所畫峰巒山頂多作礬頭，創長披麻皴畫山石，筆墨秀潤，爲董源畫風之嫡傳，並稱『董巨』。

〔十二〕高總制其倬：字章之，號美沼、種筠。遼寧鐵嶺人。隸漢軍鑲黄旗，清雍正朝歷任雲貴、閩浙、兩江總督。

〔十三〕吴裝：中國畫的一種淡著色風格，相傳始于唐吴道子人物畫，故名。宋郭若虛《圖畫見聞志》：『嘗觀（吴道子）所畫墻壁、卷軸，落筆雄勁，而傅彩簡淡……至今畫家有輕拂丹青者，謂之吳裝。』

〔十四〕張氏蘭坡：張肇岑，一名肇，字蘭坡。江蘇江都人。工篆隸，善刻石治印。跟隨阮元入滇，官按察司照磨，阮氏大理石畫之鐫刻皆出其手。有《石鼓齋印譜》。

〔十五〕侄蔭曾：阮常生（一七八八—一八三三），諱蔭曾，字壽昌，號小雲、彬甫。乾隆五十八年（一七九三），阮元原配江夫人去世後，無嗣，阮元父親命以族子常生爲子成服，過繼爲阮元子，行一。嘉慶元年（一七九七）二品蔭生，歷官戶部主事、員外郎、永平知府，陞署直隸按察司使按察使。

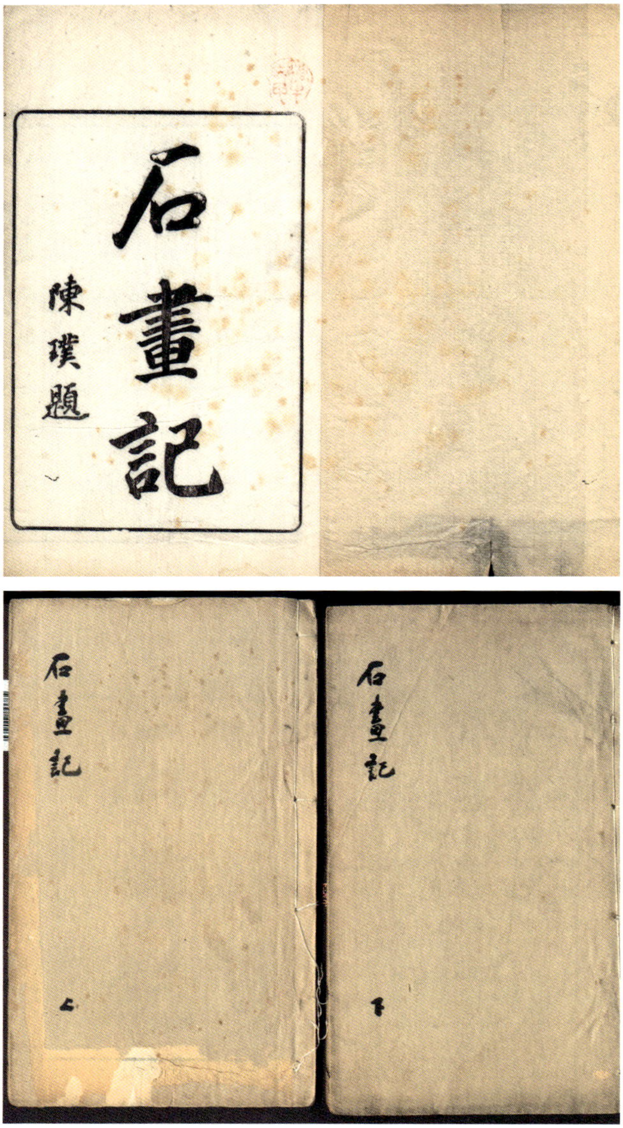


《石畫記》書影

# 作石畫記題以三十韻

畫家能寫景，妙與詩情通。人力不能到，始識天有功。北宋號山石，幻出月與松。歐蘇共題賞，畫法擬畢宏[一]。今之點蒼山，石畫出中峰。第九峰、十峰之間。溯畫所自出，五色生山龍。今紅緑透明者，出龍王廟洞内。昔多白與黑，今更緑且紅。分巒及開障，著色皆南宗。雲霞絢采采，水月交溶溶。霜樹渲其秋，雪林染于冬。畫梅女字枝，畫樹點翠濃。畫雨極雨勢，兼挾雷以風。或耀金碧色，或示希微蹤。蘇題松石屏詩上有希微蹤。或仿董北苑[二]，或摹米南宮[三]。近可及馬夏[四]，遠或成浩仝[五]。品畫各盡妙，寫句尤巧工。透光借燈照，滑澤磨蠟烘。若收藏年歲太久或陳設塵垢變色，但須用細石磨去舊蠟，使潔而滑，然後以白蠟十居八、芸香居二，鎔餅，持石向碳轉動而烘之，使石熱喫蠟，冷而後用穿山甲刮去浮蠟，粗布擦之則光滑矣。紙絹安能如此？若大火烘則易裂。碌碌竟如玉，星星真有銅。石内或磨出銅星灼灼，可見各色皆銅氣也。小屏立硯北，大幅懸墻東。收藏鬱林船，江夜月貫虹。吴裝非古派，其時值段蒙[六]。何以石畫法，皆與吴裝同。蘇黄作詩時，大理方馘[七]儂。何于唐宋句，曲盡其形容。滇少詩畫友，得友在石中。舊交久零落，嘆息感于衷。豈無新交遊，自顧（一）嫌龍鍾。宜此特健藥，書畫之佳者名曰『特健藥』，見《輟耕録》《香祖筆記》。與之相磨礱。

更如與談理，點頭向生公。我固愛石友，石亦依雲翁。

同學侄張肇岑蘭坡、侄蔭曾琴士货币叙録。

註釋：

〔一〕畢宏：唐天寶年官御史，左庶子，擅畫古松，曾作《松石圖》于左省壁間，一時文士皆有詩稱之。其作品《松石圖》至北宋時御府仍有收藏。

〔二〕董北苑：即董源。南唐主李璟時任北苑副使，故又稱『董北苑』。

〔三〕米南宫：北宋書畫家米芾，字元章。原籍襄陽，後定居潤州。徽宗詔爲書畫學博士，擢禮部員外郎，人稱『米南宫』。北宋著名書法家、鑒定家、畫家、收藏家。因其衣著行爲以及迷戀書畫珍石的態度被視爲癲狂，故又有『米顛』之稱。

〔四〕馬夏：即馬遠、夏圭。馬遠，南宋畫家。字遥父，號欽山。生長在錢塘。繪畫世家，南宋光宗、寧宗兩朝畫院待詔。擅畫山水、人物、花鳥，山水取法李唐。喜作邊角小景，世稱『馬一角』。夏圭，南宋畫家。字禹玉。臨安人。早年畫人物，山水畫師法李唐，又吸取范寬、米芾、米友仁的長處而形成自己的個人風格。後以山水著稱。

〔五〕浩仝：即荆浩、關仝。

〔六〕蒙段：唐宋時期，蒙氏、段氏分别在雲南建立地方政權。

〔七〕馘：馘，軍戰斷耳也。《春秋傳》曰：以爲俘馘。

校記：

（一）光緒本作『自顧嫌龍鍾』。

『山川出雲作霖雨』大理石屏中的銘題

溪山瑞雪。乾隆癸醜正月茶宴，蒙恩賜禦題杜瓊《溪山瑞雪圖》，迄今五十餘年，什襲珍藏。嘗欲倩人臨摹未果，忽撿此石，仿佛似之，因敬跋於石，以志不忘。阮元

道光七年，今相國阮芸臺中堂來督滇黔，公餘，里布以歷年所得大理文石乞公品題。公書此石七字曰：『山川出雲作霖雨。』時公方入覲，里布承之護篆也，敬仰蕭規，謹慎曹隨，殊未能當公期許之萬一。頃公以端樸入閣，因舉此贈別。非僅著鬱林高風，庶幾霖雨普及天下，不僅一二省已也。伊里布謹跋

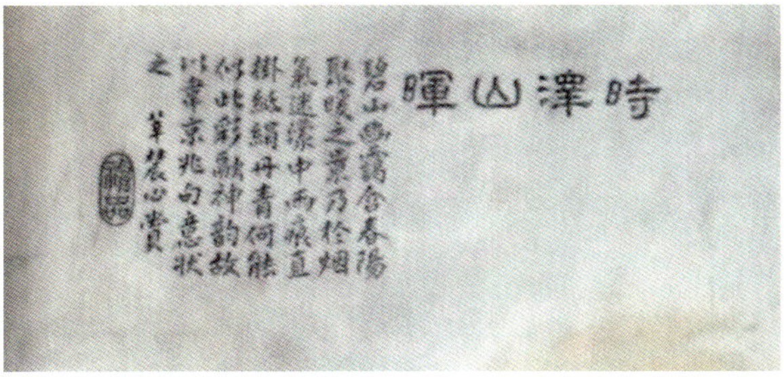

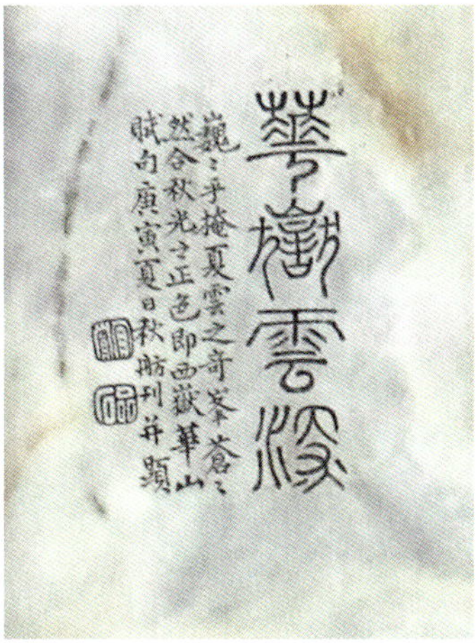

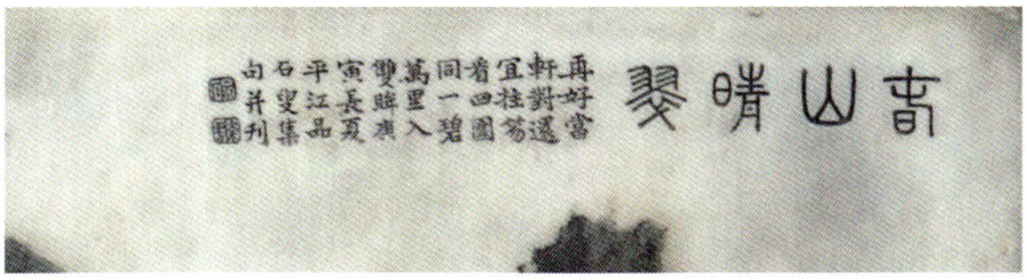

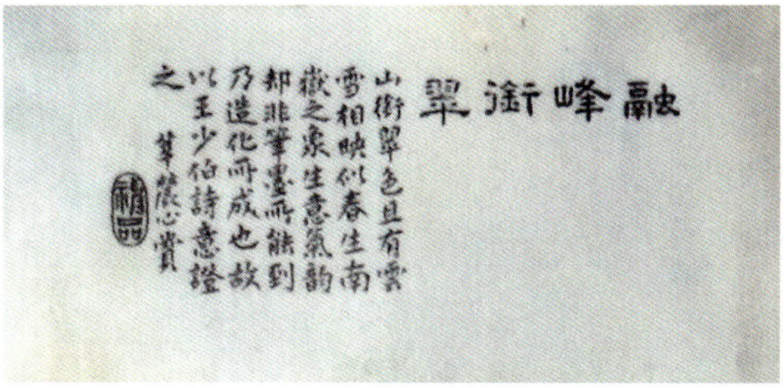

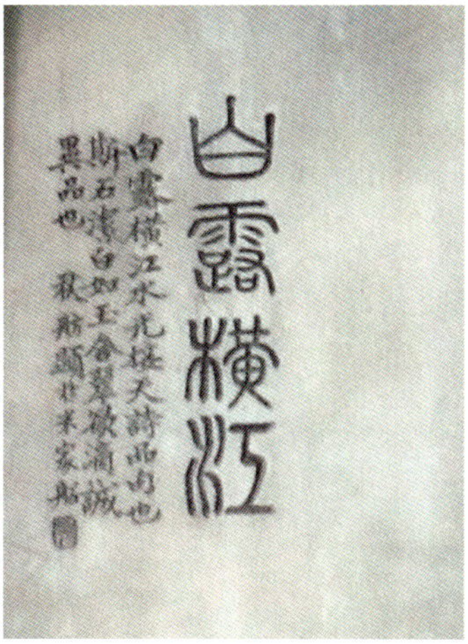

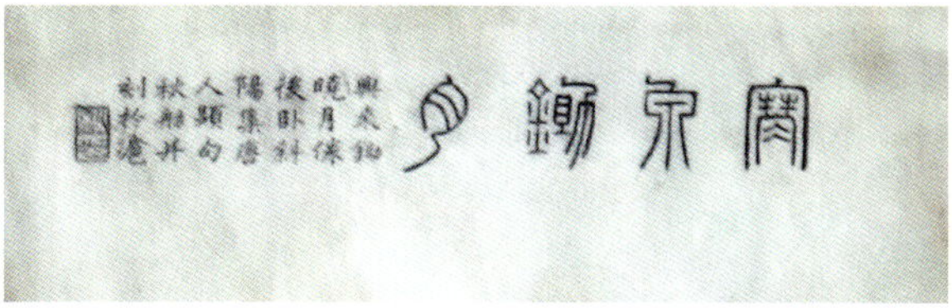


## 苏州網師園大理石屏銘文

白露横江

『白露横江，水光接天。』《詩品》句也。斯石潔白如玉，含翠欲滴，誠異品也。秋舫題於米家船。

華嶽雲深

巍巍乎掩夏雲之奇峰，蒼蒼然合秋光之正色。即西嶽華山賦句。庚寅夏日秋舫刊并題。

春山晴翠

再好當軒對，還宜拄笏看。四圍同一碧，萬里入雙眸。庚寅長夏平江品石叟集句并刊。

寒泉鋤月

『興來鋤曉月，倦後卧斜陽。』集唐人題句，秋舫并刻于滬。

時澤山暉

碧山幽靄，含春陽聚暖之景，乃於煙氣迷濛中。雨痕直掛，紙絹丹青，何能似此彩融神韻。故以韋京兆句意狀之。芉農心賞

融峰銜翠

山銜翠色，且有雲雪相映，似春生南岳之象，生意氣韻卻非筆墨所能到，乃造化所成也。故以王少伯詩意證之。芉農心賞

# 序

天地間奧衍磅礴、高深峙流之境，始發于詩家，繼發于畫家。然畫不能到者，詩或肖之。如古人遠矣，得吳曹顧陸[一]輩爲之寫照，聖賢之氣度言論色笑，與文人學士之風流文采，讀畫者流連感嘆，如或遇之，而不如讀聖賢之書與文人學士之遺集也。

夫山水有真境焉，有真意焉。人爲之，不如造物者自爲之。昔者摩詰[二]之輞川、龍眠（一）之山莊[三]、北苑之江南煙雨、子久[四]之富春大嶺、叔銘[五]之天池石壁，以其胸中丘壑爲畫，讀者但賞其筆墨之變幻，渲染之空靈，而于本境未必一一皆肖，且未必如二謝岑孟之詩之肖。此有跡之畫也，而曷若無跡之畫也，又曷若無跡之畫而證以克肖之詩也。雲南點蒼山十九峰，其第十中和峰之腰出文石。石中青赭濃淡、層巒疊嶂、風雨晦明、水天灝渺之態無不畢具而無有發其微者。

吾師儀徵相國官總督時，公餘之暇，取石之方圓長横而裁成之，每幅拈出古畫家筆法而證以古詩人之詩，惟妙惟肖。凡得若干幅，間繫韻語成《石畫記》五卷。榮光受而讀之，嘆曰：『此真境也，此真意也，此真無跡之畫證以克肖之詩也。』文章天成，妙手偶得，起各畫家而質之，將俯首于造物之自有此境此意也；起各詩家而質之，將俯首詩畫家之已有此境此意，造物之實有此境此意也。而自然之勝勉然，天工之勝人巧，則畫家詩家皆嗒然若失矣。夫絹壽五百年，紙壽千年，雖珍襲慎護，過此則糜矣敝矣。今此石畫，于以發上千古未發之知識，于以留下千古難留之真鑒，吾師之久大德業，當視諸此。

乙未秋 受業吳榮光[六]謹序

註釋：

[一]吳曹顧陸：畫家吳道子、曹不興、顧愷之、陸探微。吳道子，名道玄。唐代名畫家，詳見后註。曹不興，三國時著名畫家。孫吳吳興人，被稱爲『佛畫之祖』。顧愷之，字長康，小字虎頭，，晉陵無錫人。精于人像、佛像、禽獸、山水。謝安深重之，以爲蒼生以來未之有。陸探微，蘇州吳縣人。南朝劉宋時期畫家，在中國畫史上，他是正式以書法入畫的創始人。

[二]摩詰：王維，字摩詰，號摩詰居士。唐朝河東蒲州人。著名詩人、畫家。參禪悟理，學莊通道，書畫特臻其妙，後人推其爲南宗山水畫之祖。蘇軾評價其：『味摩詰之詩，詩中有畫；觀摩詰之畫，畫中有詩。』

[三]龍眠：北宋書畫家李公麟，字伯時，號龍眠居士。作畫多用澄心堂紙，臨摹古畫用絹素著色。擅長仙佛人物，如行雲流水。

[四]子久：黃公望，號一峰，又號大癡道人。平江常熟人。元代畫家，山水師董源、巨然。晚年變法自成一家。

[五]叔明：元代畫家王蒙，字叔明，號黃鶴山樵。湖州人。能詩文，工書法。山水得外祖趙孟頫法，以董源、巨然爲宗，元氣磅礴，自成面目，往往以特有皴法繁密或焦墨皴擦，『望之鬱然深秀』。與黃公望、吳鎮、倪瓚稱『元四家』。

[六] 吴榮光：（一七七三—一八四三），廣東南海人。字伯榮，號荷屋。阮元門生，嘉慶四年（一七九九）進士，官至湖南巡撫。有《筠清館金石録》《雲石山人集》。

按：吴榮光《石雲山人詩集·卷十九·京堂集·丙申丁酉》，有《和阮儀徵相國師石畫詩韻》：煙閑雲澹天與誰，鮮明經用惟吾師。二唐七宋七元畫，合唐十二宋四詩。詩首李杜各流派，畫向南北分宗支。點蒼山神聽然笑，如斯粉墨寧頑癡。快觀縱横文即筆，博采十六象而滋。已抹濃青上螺髻，亦留空白如羊脂。離離牛毛與蠏爪，儼儼黛色兼霜皮。天然絶去摸繪跡，畢宏韋偃夫何爲。是畫非畫俗莫辨，有聲無聲當自知。吾師退食坐齋閣，衆峰羅列名命之。靈心拈出神逸品，妙意節取清真辭。石不能言但點首，客乃大悟齊軒眉。復以小字書之册，中有真氣相涵漓。假我三日米芾癖，捫之萬遍索靖碑。更贈數幅一幅赭，丹砂輝煌雙鬢絲。題句云一峰全變作朱砂。忽念求士如求石，山中磊磊來奚遲。相公吐握在今日，搜羅載就皆環奇。精華有得各自獻，泥塗之辱安足悲。君不見此石雖小登屏翰，茫茫遇合令人思。否則投閑置丘壑，青山招我甘老唐虞詩。

校記：

（一）光緒本作『龍暝』。

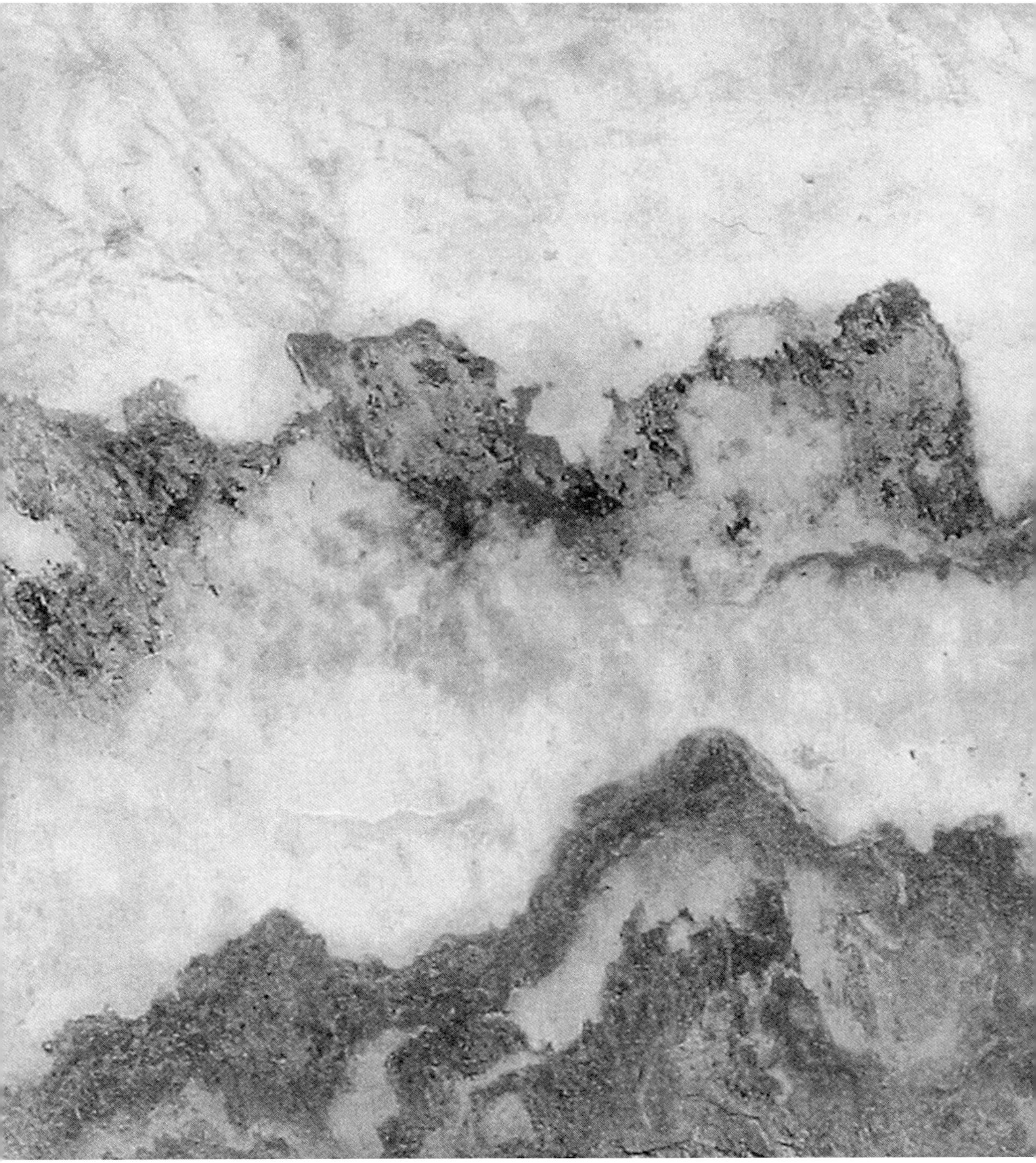

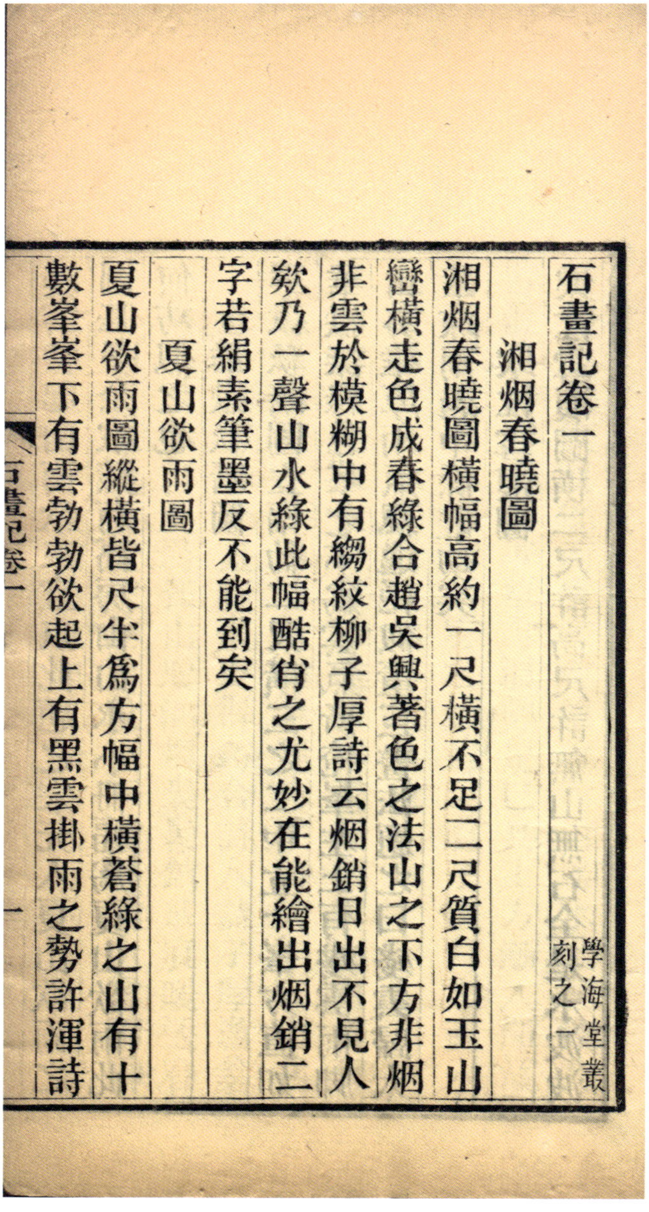
石畫記卷一　　學海堂叢刻之一

湘烟春曉圖

湘烟春曉圖橫幅高約一尺橫不足二尺質白如玉山巒橫走色成春綠合趙吳興著色之法山之下方非烟非雲於模糊中有綯紋柳子厚詩云烟銷日出不見人欸乃一聲山水綠此幅酷肖之尤妙在能繪出烟銷二字若絹素筆墨反不能到矣

夏山欲雨圖

夏山欲雨圖縱橫皆尺半爲方幅中橫蒼綠之山有十數峯峯下有雲勃勃欲起上有黑雲掛雨之勢許渾詩

石畫記卷一　一

《石畫記》卷一書影

# 石畫記卷一

## 湘煙春曉圖

湘煙春曉圖。横幅。高約一尺，横不足二尺。質白如玉，山巒横走，色成春綠，合趙吳興[一]著色之法。山之下方非煙非雲，于模糊中有縐紋。柳子厚詩云：『煙銷日出不見人，欸乃一聲山水綠。』此幅酷肖之，尤妙在能繪出『煙銷』二字。若絹素筆墨反不能到矣。

註釋：

[一]趙吳興：趙孟頫，字子昂，號松雪道人，又號水精宫道人、鷗波。浙江吳興人。南宋末至元初著名書法家、畫家、詩人，開創元代新畫風，被稱爲『元人冠冕』。有《松雪齋文集》。

## 夏山欲雨圖

夏山欲雨圖。縱横皆尺半，爲方幅。中横蒼綠之山，有十數峰。峰下有雲勃勃欲起，上有黑雲掛雨之勢。許渾詩『溪雲初起，山雨欲來』，宜以此題之。

宋元人夏山欲雨之圖甚多。余家藏有高房山[一]山水小册幅，爲夏山欲雨，此何巧似之也。

註釋：

[一]高房山：高克恭，字彦敬，號房山。色目人，祖籍西域。元代畫家，官至刑部尚書。畫山水初學『二米』，後學董源、李成，所謂『世之圖青山白雲者，率尚高房山』。亦擅長墨竹，與文湖州並馳，造詣精絶。與趙孟頫南北相對，爲一代畫壇領袖。

## 華嶽秋晴圖

華嶽秋晴圖。立幅。約二尺，横三之二。

中立一峰，方直如華嶽。深緑色峰之下爲雲氣所掩，峰左上有殘雲雨脚。山勢雄厚，雨氣飄逸，絶似董、巨畫法。題之曰『殘雲歸太華，疏雨過中條』，確切矣。

## 寒江雪浪圖

寒江雪浪圖。横二尺許，高尺許。

無山無石，全是水波。波勢疊疊，有後浪催前浪之意。色雜青白，盡水之理。坡公《雪浪》

詩曰『畫師爭摹雪浪勢』是也。其上方漸入渾涵，又有江天暮色、寒雪同雲之妙。昔吳道子[一]畫有『文武水』，此横幅乃文水『雪浪』，立幅乃武水也。

南雲石幅天生奇，奇乃造物爲畫師。煙雲雨雪各有態，高山流水分四時。

造物筆墨何手持，何年穴山爲畫師。豈獨勝于畫師畫，更得巧合詩人詩。

子厚漁翁句久讀，不料此詩在山腹。湘煙裊裊銷成痕，暖透春山割新緑。

夏雨欲來垂雨紋，山下滃起溪中雲。雨雲山色漸不分，風聲颯颯如可聞。

詩人行過潼關道，華嶽秋高晴更好。殘雲疏雨中條山，繪出當年許丁卯。

又聞東坡雪浪石[二]，蜀江畫師留白脈。東坡《雪浪齋銘序》云：『余得黑石，白脈如蜀孫知微所畫石間奔流，盡水之變。』可如此畫飛寒濤，風雪江頭浪花白。

孫太古[三]冬景米襄陽[四]夏景，洪谷子[五]秋景趙子昂[六]春景。世間絹素易漫漶，不若石畫能久藏。

天工豈借人智力，妙手偶得天文章。詩情畫意破石出，驚天逗雨吟點蒼。

註釋：

[一]吳道子：唐代著名畫家，陽翟人。少孤貧，年輕時即有畫名。曾任兗州瑕丘縣尉。開元年間以善畫被召入宮廷供奉。擅佛道、神鬼、人物、山水、鳥獸、草木、樓閣等，尤精于佛道、人物，長于壁畫創作。

［二］雪浪石：北宋元祐初，宋哲宗趙煦親政，蘇軾赴定州出任中山府知事，曾于府治後的中山後圃得一黑石。石高廣二尺餘，上有白脈，涵有水紋，甚爲奇特。東坡極愛此石，據黑石白脈命名爲『雪浪』。

［三］孫太古：孙知微，宋代畫家。眉州彭山人，師釋令宗，善畫佛道像，尤長于龍水。後蜀時隱居青城山。太宗淳化中張詠鎮蜀，慕其畫而終不可致。及詠還朝，知微始以畫贈之。

［四］米襄陽：即北宋書畫家米芾。

［五］洪谷子：荆浩號洪谷子。

［六］趙子昂：即趙孟頫。

## 翠壁生雲圖

翠壁生雲圖。高二尺，寬一尺三寸。

最下一層作青白横紋，似溪水。上一層深青色，似水之湄[一]、山之足，隱隱有坡石綠色而白雲滃然罩之。再上一層，似山之坳，其雲色青。再上一層，雲氣浮起，色白。再上一層，則山壁截立作翠綠色，如李昭道[二]之設色，而又有白雲一片自右横來稍掩之。再上一層，爲白雲出岫而不離岫，然雲頭已拂拂如擘絮矣。雲頭上一層，爲老蒼色之横嶺，自左低，而右嶺脊外則天也。天之雲則一片茫茫極空遠矣。

此石極山重雲疊之妙而青綠甚鮮，于『生雲』『生』字尤有神理，紙絹丹青不能如此。

其背則水多，雲山少，遜于正面矣。

註釋：

〔一〕湄：岸邊，水與草交接的地方。

〔二〕李昭道：字希俊，唐代畫家。唐朝宗室，畫家李思訓子。擅長青綠山水，世稱『小李將軍』。兼善鳥獸、樓臺、人物，並創海景。畫風巧贍精緻。

## 宋孫知微雪浪圖

宋孫知微雪浪圖。高一尺五寸，寬一尺三寸。

下方似有石磯在水中。水激而翻爲浪，雜青白紋。浪上又有青色浪一層，此青色浪之上，則白浪之頭如雪，有飛濤濺沫之勢。白浪之上又有黝綠色浪一層，過此又有青白色浪二層，則漸遠而平矣。

昔宋蜀孫知微能畫水，飛濤走雪，盡水之理。東坡于定州得雪浪石，擬之此石與知微畫，定州石未知何如，而水理浪紋則兼已曲盡形容矣。

### 用蘇公韻

太行石畫如雲屯，人巧不到天工尊。花石綱殘汴河凍，雪浪齋破寒雲昏。

蘇公久別此石去，尚留銘字埋荒村。黑水梁州玉斧[一]劃，別有大理開國門。
孫知微死八百載，點蒼山裏招其魂。畫家粉本入石骨，詩人魄力通天根。
飛濤向天學雲白，古雪窖地變玉痕。片片幻出洱海浪，定州一卷非所論。
況此翻瀾激磯石，屏立不用蘇齋盆。齋前梅花亦香雪，目擊雪子吾道存。

## 用蘇公七律韻

畫仿眉州複定州，宛然濺雪激奔流。摹成水法有藍本，捲出浪花皆白頭。
石脈千年磨不滅，江波半幅剪來收。誰能挽得狂瀾住，詩力蘇齋抵萬牛。

註釋：

[一]玉斧：北宋與大理劃界而治傳說，如《滇載記》：『王全斌既平蜀，欲因兵威取滇，以圖進于上，太祖鑒唐之禍基于南詔，以玉斧畫大渡河曰：「此非吾有也。」由是雲南三百年不通中國，段氏得以睨臨爽爨，以長世焉。』此事多爲野史所載，正史不見。

## 僧巨然雨腳圖

僧巨然雨腳圖。直不足一尺，横一尺許。

其下作綠色横山，峰巒參差，自右而左。山之上方則有青氣，自上條條散垂而下如雨之腳。

《宣和畫譜》曰：『巨然所作《雨腳圖》，如有爽氣襲人。』此石乃巨然所造歟？

**雲臺[一]師以大理石屏見寄，題曰仿巨然雨腳圖，賦此寄謝　陳文述[二]**

日腳欲行雲腳住，露腳斜飛濕寒兔。晴湖不如遊雨湖，山雨欲來山欲去。
山氣黯淡山模糊，長風吹雨雨腳粗。青林亂飛銀竹直，疑有繁響敲楸梧。
絶似當年巨然筆，襄陽雨山從此出。天工戲墨太奇肆，幻入點蒼山下石。
琅嬛[三]先生宦滇池，遠寄此石宜有詩。西臺三壽共茶隱[四]，知君宴坐宜園宜。
宜園[五]佳處恣遊賞，此石攜從蔣村蔣[六]。陽春有腳遠能來，卓立虛窗伴書幌。
石不能言畫似真，剪燈閑話小蘭津。夏山欲雨湘煙霽，我是琅嬛讀畫人。

註釋：

[一]雲臺：阮元，字梁伯，一作良伯，改字伯元。號雲臺，一作芸臺。又號瀛洲仙客、雷塘庵主、雲翁、蒼山畫仙。晚號節性齋主人、節性老人、節性齋老人、揅經老人、研堂老人、怡性老人、頤性老人、選樓老人、北湖跛叟、揚州北湖定香亭長。謚號文達。

[二]陳文述：（一七七一—一八四三），浙江錢塘人。原名文傑，字雲伯、雋甫，號退庵。嘉慶五年（一八〇〇）舉人，官江都、常熟知縣。有《碧城仙館詩鈔》《頤道堂集》。嘉慶元年（一七九六），阮元提學浙江，得一古團扇，有馬和之畫、楊妹子題，以此命題試諸生。秀才陳文述所賦詩得阮元賞識，拔置第一，並勸盡其學。

[三]琅嬛：乾隆五十七年（一七九三），孫淵如曾爲阮元題篆匾曰『小琅嬛仙館』。阮元有

『琅嬛仙館』印鈐于宋刻《金石録》。

［四］宜園：雲貴督署鄰省城滇池，東有宜園，古木時花，爲城中勝境。道光十四年（一八三四），阮元修滇署宜園與春樓。有五古三首記事。

［五］茶隱：道光三年（一八二三）正月二十日，阮元六十壽辰，時督兩廣兼攝巡撫印。避客于撫署東園湛清堂下萬竹林中，煮茶看竹，秉燭而返，謂之竹林茶隱，畫有竹林茶隱圖，自提一律。

［六］蔣村蔣：蔣炯，字葆存，號蔣村，仁和廪貢，初官慈溪訓導，歷保縣令，分楚北任廣濟，政聲卓著。屋數十椽，聚書萬卷，覃精鉛槧，物外翛然。詩學中晚唐，散體文學『三蘇』，長于議論，浙東西名士多與之交往。著有《蔣村草堂稿》。

按：陳文述《頤道堂詩選》卷二十八，《蔣村自滇南歸見過》：一路看山到點蒼，此遊蹤跡甚徜徉。閣羅鳳去唐碑古，縹碧雞來漢道昌。片石雲生隨驛騎，百花香早壓歸裝。羨君親侍宜園席，添得琅嬛字幾行。

## 天際烏雲詩意圖

天際烏雲詩意[一]圖。高尺許，横不足一尺。

似小米[二]雲山畫法。石分數層，畫法在王洽[三]、米芾[四]之間。上層則天際烏雲，非黑雲也。其雲欲雨未雨，滃然下壓，真『含雨重』也。中一層則緑色之山，山之上烏雲、之下

陳如冬《天際烏雲詩意圖》

有淡黃紅色如紅日，斜漏其光，山之下又有青氣一層遮其麓，麓之下又有一層空處如紅日光。最下一層則墨色之山，似有林屋藏于其中。

東坡帖書蔡君謨[五]《夢中詩》曰：『天際烏雲含雨重，樓前紅日照山明。』此石真爲此詩而造也。

天際烏雲含雨重，欲畫此情筆難弄。樓前紅日照山明，此景兼圖更難共。
何期大理點蒼山，石畫天生出巒洞。雲影日影分五層，雨意相含補其空。
雲中斜罅漏日腳，一片紅光向山送。奇景能傳玉局書，幻詩早入君謨夢。
巧匠裁石妙使縱，若使橫裁便無用。蒙段何知蔡與蘇，造物天然遠相中。
嵩陽萬里有古情，青眼相看是清供。此詩此石誰後先，會向蒼巖較唐宋。

註釋：

［一］天際烏雲：《天際烏雲帖》又稱《嵩陽帖》，蘇軾行書，三十六行三百零七字，卷首書蔡襄《夢中詩》『天際烏雲含雨重，樓前紅日照山明。嵩陽居士今何在，青眼看人萬里情』，並記杭州官妓周韶蓄奇茗與蔡襄鬥茶、後賦詩脫籍事。是帖传世有真贋数本，明代項元汴曾藏一种，较爲可信。清代翁方綱督學廣東得一，以爲奇遇，一再題跋。

［二］小米：米友仁，字元暉，米芾長子，世稱『小米』。南宋畫家，書法繪畫皆承家學，早年以書畫知名，南渡後備受高宗優遇，官至兵部侍郎、敷文閣直學士，高宗趙構曾命他鑒定法書。

其山水畫盡脫古人窠臼，發展了米芾技法，運用『米點皴』加渲染，自成一家。每自題其畫曰『墨戲』。

［三］米芾：北宋書法家，字元章。博文尚古，好石成癖。違世異俗，每與人忤，又稱『米顛』。米芾書法達到極高的水準，超逸入神。擅水墨山水，稱『米氏雲山』，多描繪江南瞬息萬變的『煙雲霧景』，『天真平淡』，『不裝巧趣』。所創『米氏雲山』又稱『米家山水』，信筆作來，煙雲滿紙，爲文人畫之始。惜無真跡傳世。

［四］王洽：又稱王默、王墨，晚唐著名畫家。據載其擅畫松石山水，號稱『王潑墨』。

［五］蔡君謨：蔡襄，字君謨。興化軍仙遊縣人。北宋著名政治家、書法家。

## 暗香疏影圖

暗香疏影圖。縱一尺六寸，横一尺二寸。

兩數、兩面皆有梅花枝幹，得宋馬遠畫意。其縱者，上方有倒掛枝，枝映于水，似有水影。下方則青白水紋横抹，成清淺之意，此『疏影横斜水清淺』也；其横之一面，則左有黄綠色玲石二峰，右方有梅一株，横向石倚，其下又有叢枝，皆合畫家女字枝法［一］。尤妙在不甚分明，掩映如水，朦朧若月，且得『清淺黄昏』之趣，不知造物何以曲肖和靖詩而造此也。尤奇在一石兩面，各成其句，紋在石裏，縱之梅枝即透石背爲横之梅枝矣。不知横之玲石，何以反面變爲清淺水痕。不可測也。

疏影暗香交水月，若教作畫本難工。誰知和靖詩心在，透入蒼山石骨中。

清淺倒垂枝掩映，黄昏斜倚氣朦朧。妙從不甚分明處，兩面縱横覓句同。

註釋：

〔一〕女字枝法：『女』字出枝法是畫梅枝幹的基本方法，梅的枝幹交架呈『女』字狀，有『龍蠖蟄啟之勢，伸屈盤礴，縱横自如』，歷代畫梅高手經常采取這種表現手法。

## 半潭秋水一房山

半潭秋水一房山，團扇式。如古團扇大。

上方，似黄大癡〔一〕畫横山一房，以赭石花青染成，點苔錯落有趣。山脚之下，青色之水恰似半潭，巧合詩意。

註釋：

〔一〕黄大癡：黄公望，號大癡道人。

## 仿名家四時山水

仿名家四時山水小景四幅。

其一：高五寸五分，寬一尺。石質滑如白玉，上方綠色橫山起伏有情，下有煙霞，青紅二色，勢亦起伏。題曰：『春谷煙霞，仿趙鷗波[一]設色也。』

其二：高七寸五分，寬八寸二分。中橫綠色山似有暑意。山邊濃雲流合，鬱然含雨。題曰：『夏山欲雨，擬高房山染法也。』

其三：高八寸三分，寬七寸一分。下有陂陀，中隔溪水，水外山村色雜黃駁，具霜林之趣。題曰：『秋山黃葉，摹黃子久[二]筆也。』

其四：高九寸八分，寬五寸五分。主峰中立，有積雪之色，峰右皴筆無多，峰外雪意滿天。題曰：『寒峰曉雪，用倪雲林[三]簡筆也。』

點蒼山裏石，畫繪皆天生。乃不曰天生，反云人畫成。
子昂與子久，二難何可並。房山力淳厚，倪迂多逸情。
既謝縑楮質，豈許丹青爭。春谷霞彩暖，夏嶺煙雲橫。
秋村有黃葉，冬雪曉未晴。設色尚非異，神韻入妙精。
筆跡不可求，渾脫疑且驚。我縱各題品，未足揚其名。
此物自不朽，造化詩無聲。

註釋：

［一］趙鷗波：趙孟頫，號鷗波。

［二］黃子久：黃公望，字子久。

［三］倪雲林：倪瓚，字泰宇，後字元鎮，號雲林子、荊蠻民、幻霞子等。元代畫家、詩人。江蘇無錫人。倪瓚家富，博學好古，四方名士常至其門。元順帝至正初忽散盡家財，浪跡太湖一帶。

## 錦浪雪浪

錦浪雪浪，一石分兩面畫。高一尺，寬一尺三寸。

錦浪則如浪激岸石，捲花回流，色駁如錦。雪浪則不及仿蘇齋之一幅，而亦具飛濤走雪之勢，蓋惟青白色而已。

## 四雨圖

四雨圖，皆縱橫六七寸之小幅。

其一曰『層山煙雨』。具疊嶂之勢，而皆爲煙雨所罩。

其二曰『晦巖雷雨』。乃高巖晝晦，烏雲下垂，如有雷雨。

其三（一）曰『霞天急雨』。山外霞色不透，山內則白雨斜飛，痕痕迸露。

其四曰『翠峰疏雨』。上方峰色晴翠，峰腰則疏雨下注，灑淅有紋。四石亦一匣。

碧雞山[一]裏春溟溟，春雲下垂煙雨青。何人捉筆出神妙，爲我寫此小臥屏。陋巖[二]北望晝如晦，必有雷聲在雲内。老米[三]惆悵不敢顛，安得置身雲雨背。忽然烘霞霞不成，金馬山雨東邊晴。白氣斜飛畫不平，尺幅乃有百里情。太華碧色刷翠羽，山上無雲山下雨。蕭蕭颯颯秋風生，落筆無跡詩無聲。詩雖無聲畫有色，淡染丹青深染墨。鑒賞收藏如小册，煙雲不散石不泐。

註釋：

［一］碧雞山：《漢書·郊祀志下》：『或言益州有金馬、碧雞之神，可醮祭而致。』漢宣帝封王褒爲諫議大夫前往雲南求取。王褒因故沒有到達，作《移金馬碧雞頌》以祭之。東晉常璩《華陽國志》裏講到滇池有龍馬，龍馬交配而出駿馬，可『日得五百里』。今昆明市東有金馬山，西有碧雞山，兩山相對，山上都有神祠。

［二］陋巖：山名，在雲南。

［三］老米：即米芾。畫史稱米芾、米元暉父子『老米、小米』『大米、小米』『二米』。

校記：

（一）『其三』，光緒本爲『其二』，誤。

## 圓障子

圓障。徑一尺七寸。

題曰『主山蒼雄』，用洪谷子法也。

## 點蒼中峰圖

點蒼山中峰圖。此石高三尺七寸，寬二尺，巨幅也。

凡點蒼畫石皆出于中峰之腰。此幅和凝正直，似中峰自爲寫照。蒼山共十九峰，中峰居正中第十峰，又名中和峰也。且右間山腰有白色一處，亦頗似采石之谷，非曾到山下者不知也。至于皴劈雄拔，渲染煙雲，自是荆關嫡派。

蒼山平列十九峰，峰峰黛色參天濃。惟第十峰居正中，最高常與雲霞衝。
此峰下坳産畫石，丹青幻出山千重。世間雲山畫不了，且能自畫真形容。
上峰下巒合古法，皴染一變成南宗[一]。豈非荆浩傳關仝，放筆直掃青芙蓉。

註釋：

[一]南宗：畫分『南北宗』説，明董其昌所創：『禪家有南、北二宗，唐時始分。畫之南北二宗，亦唐時分也；但其人非南北耳。北宗則李思訓父子著色山水，流傳而爲宋之趙幹、趙伯

駒、伯驌，以至馬、夏輩。南宗則王摩詰始用渲淡，一變鈎斫之法。其傳爲張璪、荆、關、董、巨、郭忠恕、米家父子，以至元之四大家。』

## 水中藻荇圖

水中藻荇[一]圖。横三尺，高不足二尺。

紋翠緑色，如水中藻荇。

東坡與張懷民承天寺步月，『庭下如積水空明，水中藻荇交横，蓋竹柏影也』。宜園月下常有此影，而池中藻荇亦如其色，爰嵌置園内亭壁之上。石背無畫，遂書『宜園』二大字，刻之則在園墻外矣。

註釋：

[一]荇：多年生草本植物，葉略呈圓形，浮在水面，根生水底，夏天開黄花。

## 黄子久插坡圖

黄子久插坡畫法圖。此小幅，縱横不足一尺，而具層坡疊石之法，且『插坡法』爲大癡所擅。此乃有一插坡夾于其中，特似淺設赭色爲畫之稿本耳。

## 五色雲屏

五色雲畫屏。高二尺九寸，寬一尺五寸。似雲，具五彩，縵縵相糾，似有一人冠服峨峨，立于雲中，且多儀衛。

鼇足既立還補天，有五色石可以煉。石破天驚秋雨晴，彩雲流作雲南縣。雲南縣，漢元狩置，舊志以爲因彩雲現。

漢元狩雲入蒼山，二千餘年看不見。雲化爲石無處尋，石若爲雲亦能變。五丁夜半踏天來，割取彩雲持一片。是雲是石渾不知，紅綠青黄雜爲絢。雲中君兮在雲中，冠劍切雲采衣鉉[一]。前驅望舒後飛廉，旗節虯螭擁雷電。靈連蜷兮曷歸來，歸極蒼山晛真面。爛然立作四尺屏，配我端溪三尺研。

註釋：

［一］鉉：謂盛服也。

## 紫虹暈澗

紫虹暈澗圖，團扇式。

質白如玉。上有綠色山，三角山下有紫、黄二氣相並作半圓意，似殘虹將散，暈歸澗底。

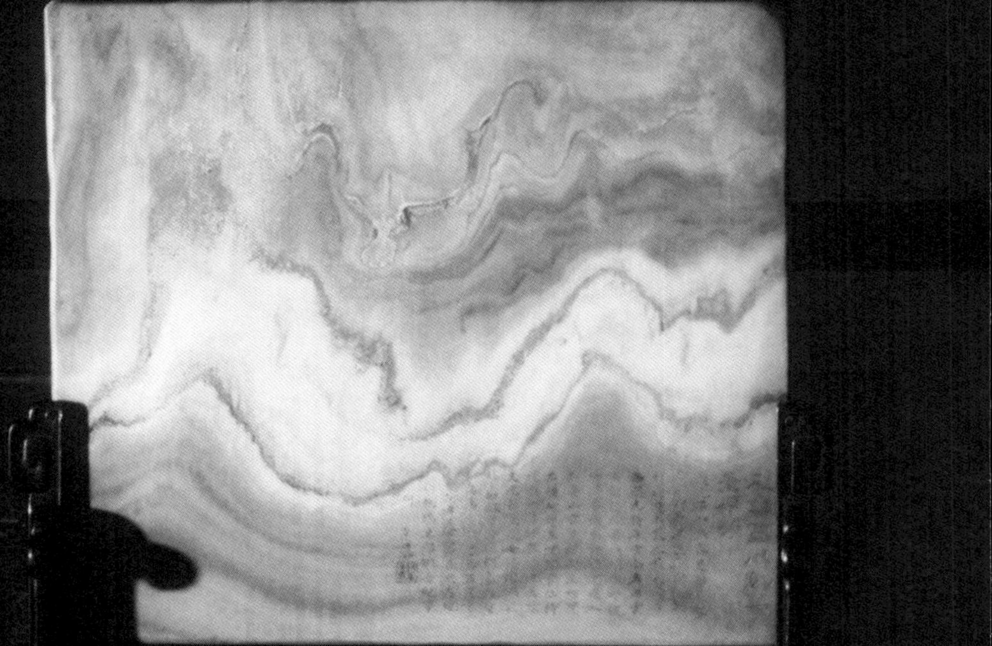

此石空處，以燈置背，照之明如紙。上方有烏雲紅日之景，晝則不見。

## 兩面著色山水

兩面著色山水。高一尺一寸，寬八寸。

一面合『溪雲初起，山雨欲來』之景。上雨下雲，其中乃山，著色青緑甚濃。背面倒轉，以下爲上，合『柳塘春水漫，花塢夕陽遲』之句，亦有赭緑之色。石畫之小而精者。鑲錫邊。

## 烏雲紅日

烏雲紅日，方幅。高一尺五寸，横一尺六寸。

中横緑色山，山上雲氣層疊垂蕩，山下坡陀有紅黄色如日光照山。又有似樓側山墻者，恰在坡左。乃摹刻蘇帖『天際烏雲含雨重，樓前紅日照山明』句于石右。其左角刻『揚州阮氏夢詩書畫石』篆印。石背亦有『烏雲紅日』之意而不及正面。惟雲際有四白痕，宛然如人指，因悟此痕亦與帖合。復用蘇帖蔡詩韻題二絶。

近年大理石中，間有瑩白之處，向燈照之，能明如鴨卵殻。此石『紅日照山』之處能照見瑩明。

此石付吴婿公謹[一]。

不學元和元祐脚，何人指爪太分明。嵩陽詩意蒼山畫，斂手薑芽得此情。

蘇書得似古釵股，誰爲金釵畫指尖。若不誤逢寒具手，竟將一抹向雲添。蘇詩《柳氏二甥求筆跡二首》，有云『君家自有元和脚』。劉禹錫酬柳宗元詩『柳家新樣元和脚，且盡薑芽斂手徒』。陳師道詩『書學黄家元祐脚』。蘇帖[二]詩内有『肯爲金釵露指間』之句。

註釋：

[一]吴婿公謹：吴公謹，字修梅。浙江錢塘人，娶阮元女阮慈。道光元年（一八二一）蔭生，官廣西、直隸州知州，署南寧府知府，以拘謹之考，降官而歸。築室于月輪山，刻《月輪山壽藏圖記帖》二卷。

[二]蘇帖：即蘇東坡《天際烏雲帖》。

## 赤城霞圖

赤城霞圖，大圓幅。徑一尺三寸。

山分兩層。上層山腰青雲，下層山腰紅雲。夜以燈照，其背則上層山峰瑩明，有夕陽疏雨之影，晝則不見。晝視其背而倒之，其上方亦得夕陽疏雨之景，蓋即霞之背也。

# 雪浪石屏第三圖

雪浪石屏第三圖，前已見二石，今又一石。高一尺五寸，寬一尺二寸。兩面皆黑質白脈，如坡公所云『黑石白脈，走雪飛濤，盡水之理』者。其一面下方水內有漩渦爲異。

走雪飛濤浪花濺，孫知微畫世罕見。洱海波翻漾濞灘，石畫忽然開片片。
坡公詩句在定州，萬里神工爲詩煉。黑質白脈纏兩面，雪浪奔騰複回轉。
石可言詩素爲絢，奇妙獨到水中漩。蒲家活水慈壽院，亦能瀉跳盡水變。
此爲雪浪第三圖，入水不濡非紙絹。可惜坡公見未曾，持與清河問真贗。《清河書畫舫》有孫知微《水石圖》，即坡公雪浪石所擬也。蘇公《畫水記》謂蜀孫位[一]畫奔湍巨浪盡水之變，又在大慈寺院看蒲永昇[二]仿知微畫活水廿四幅。

註釋：

[一]孫位：唐末書畫家，後改名遇，又號會稽山人。黃巢入長安，他自長安入蜀，居成都。擅畫人物、鬼神、松石、墨竹以及宗教人物，畫龍水尤爲著名。

[二]蒲永生：又作蒲永昇，成都人，晚唐時著名畫家，擅畫水。

# 仿王晉卿［一］煙江疊嶂圖

仿宋人煙江疊嶂圖［二］。高一尺六寸，寬一尺九寸。得蘇詩『江上愁心千疊山，浮空積翠如雲煙』之趣。夜以燈照其背，則山際瑩明，又得蘇詩『宿雲解駁晨光漏』之趣。二詩皆爲王晉卿家畫而作，不料石畫能傳其意。疊嶂皴筆不多，略如宣和粉本［三］。而是煙不是雲，則非筆墨所能到。

## 用蘇公題王晉卿煙江疊嶂圖韻

玉斧劃出六詔山，點蒼萬里空雲煙。汴京應畫河嶽色，馳情江外何爲然。晉卿疊嶂古名繪，山頭遠樹煙中泉。蘇詩與畫共南渡，竟使半壁撐山川。宋絹色褪似粉本，流傳當在宣和前。煙雲變幻七百載，煉石遠補西南天。良工磨琢使平滑，奇景突見清且妍。翠障出沒水煙裏，呼龍種玉耕煙田。此石毋乃畫所化，款題道光十一年。似雲非雲是煙氣，浮青籠碧松娟娟。嶂巔皆似有遠松排點。紙窗靜對繼以夜，燈影透石娛清眠。晨光穿漏宿雲解，又似縹渺營丘仙［四］。坡公是時在翰林，又題王晉卿藏畫，有『縹渺營丘水墨仙，宿雲解駁晨光漏』句。我來洱海八千里，詩畫與石生三緣。月石風林那足比，月石風林屏。東坡贈小范者，皆有詩。且和坡公此一篇。

註釋：

［一］王晉卿：王詵，字晉卿，北宋畫家。太原人，熙寧二年（一〇六九）娶英宗女蜀國大長公主，拜左衛將軍、駙馬都尉。元豐二年（一〇七九），因受蘇軾牽連貶官，復登州刺史、駙馬都尉。擅畫山水，學王維、李成，喜作煙江雲山、寒林幽谷，水墨清潤明潔，青緑設色高古絶俗。

［二］煙江疊嶂圖：王詵名畫，繪崇巒疊嶂陡起于煙霧迷漫浩渺空曠的大江之上，江山虛實對比，奇峰聳秀，溪瀑爭流，雲氣吞吐，草木豐茂，蘇東坡在朋友王定國處觀看此畫後，寫下了一首《書王定國所藏煙江疊嶂圖》詩。此畫歷代輾轉流傳，名家題詠累累，堪稱中國美術史曠世傑作。

［三］宣和粉本：宣和畫院，指宋代宣和年間的翰林圖畫院。『粉本』，是未著色的畫稿。明代王紱《書畫見習録》：『古人畫稿，謂之粉本。謂以粉作地，佈置妥帖，而後揮灑出之，使物無遁形，筆無誤落，前輩多寶蓄之。後即宗此法，摹拓前人筆跡，以成粉本。宣和紹興間所藏粉本，多有神妙者。』

［四］營丘：李成，字咸熙，五代宋初畫家。本唐宗室，戰亂時避地北海，遂爲營丘人。善山水，師承荆浩、關仝，多畫郊野平遠曠闊之景。多作平遠寒林，畫法簡練，好用淡墨，有『惜墨如金』之稱。所畫山林藪澤，平遠險易，縈帶曲折，飛流危棧，斷橋絶澗，水石風雨，晦明、煙雲、雪霧之狀，一一皆吐其胸中而寫之筆下。對北宋的山水畫發展具有極大影響，師承者衆多，有許道寧、李宗成、翟院深、郭熙、王詵、燕文貴等。

81

大理石掛屏

## 仇池穴小有天

仇池穴小有天畫屏。高一尺二寸餘，寬一尺五寸餘。

正面橫皴，山崖不多，中留一洞，極爲清楚。背面略如畫家開嶂之大鈎，大鈎之下即清虛，絶無皴染。及迎日光、燈光照之，則山形多現于夾層之中，洞影透漏于虛鈎之下，頗非簡筆，真老杜詩所謂『萬古仇池穴，潛通小有天』矣。《茅君内傳》云：『王屋第一洞天曰「小有清虛之天」，即老杜所云小有天也。』昔坡公在揚州得英石，因杜詩名之曰『仇池石[一]』，王晉卿欲奪之，坡公以詩與石同去，示不可奪。此石似更得老杜詩意。亨爲希代之寶。

### 用杜工部仇池穴小有天詩韻

點蒼雲裏石，王屋洞中天。杜老仇池意，茅君福地傳。

穴山潛見日，磨玉潤生泉。萬古清虛境，來吾尺硯邊。

註釋：

[一]仇池石：元祐七年（一〇九二），蘇軾至揚州獲二石，其一綠色。岡巒迤邐，有穴達于背……置几案間。忽憶在潁州日，夢人請住一官府，榜曰『仇池』。覺而誦杜子美『萬古仇池穴，潛通小有天』句，更以高麗所鑄大銅盆貯之，又以登州海石碎玉者附其足。王詵也有石癖，欲奪此石，『王晉卿以小詩借觀，意在于奪。僕不敢不借，然以此詩先之』：……老人生如寄，衡茅久未蔔。一夫幸可致，千里常相逐。風流貴公子，竄謫武當谷。見山應已厭，何

事奪所欲。欲留嗟趙弱，寧許負秦曲。傳觀慎勿許，間道歸應速。另，《洞天清録》記『東坡小有洞天石，石下作一座子，座中藏香爐，引數竅正對巖岫間，每焚香，則煙雲滿岫。』『小洞天』，正是仇池石的特徵，今人考證，仇池山遠在隴南，仇池石所以名『仇池』，以夢中所見而名。蘇軾『仇池石』得之揚州，是他表弟程德儒嶺南解官歸來所贈，品類或爲廣東英州所産英石。

## 曉色月色圖

曉色月色圖二幅。皆高六寸餘，寬七寸餘。

大理石能以各種彩色畫山水，固精妙矣。此二幅，一石分兩面，尤備初日、初月之妙。此石質白如玉，正面以綠黑黄色成岸山一房，又以碧綠色成流水一灣，而山外之色，則如春天曉晴之初白色。山右微有紅霞，若夜以燈照石背，則晨光更肖矣。背面仍是一抹綠山而渾然修細如眉，橫于上方。下方則寬敞無一物，惟有白氣中帶淡黄之色，宋詞曰『滿地淡黄月』是也。若使畫家畫月，不能如此。山外有青綠雲數層，遠合暮景。以燈照之，月色更顯。

此石静氣向人，乃無上妙品。

## 蘇帖蔡詩

蘇帖蔡詩二幅。皆高六寸餘，寬七寸餘。

一石分兩面。正面烏雲下垂，其勢甚重，而日影則少。背面紅日照山，其光甚濃，而雲則不烏。以二句分兩面畫而尤盡其情也。

摹蘇帖二句，分兩面刻之。

## 四時山水

四時山水，四幅四石。每幅寬七寸餘，高六寸餘。

其一曰『斜陽暖翠』。下有青色嵐氣，上有雙峰，黛色甚鮮，左有淡紅日色。古人《浮嵐暖翠圖》若無日色，則『暖』字落空矣。

其二曰『天際烏雲』。雲勢甚重，下垂于平山之巔，此古人夏山欲雨之法也。

其三曰『秋山霜色』。遠近兩山中隔白雲，近山則綠黄色點染之，如繁林霜葉。

其四曰『冰池殘雪』。翠色玲石在冰池之上，石坳白雪甚鮮明。

## 著色山水小景

著色山水小景二幅，一石分兩面。縱橫皆六寸。

其一曰『傾岫懷煙』。蒼色雙岫皆向右傾，下夾煙雲，合《水經注》此語。

其二曰『漏雨蒼苔』。下半綠岑頗具點苔之法，上半雲氣中有疏雨數縷，漏垂而下，合《詩品》此句之意。

## 石雲圖

石雲圖，大方幅。縱橫一尺九寸餘。

質青色而全是雲氣，雲蒼綠色與白色相糾，似有出岫隨風舒捲之勢。唐人畫雪，有粉墨吹雲法，此其遺意歟？

洱海十九峰，雲氣出其穴。溫則合爲雨，寒則霏成雪。
即使爲彩雲，變化同一瞥。異哉石中雲，舒捲自怡悅。
石可使雲生，亦可使雲結。終未散于風，千年不磨滅。

## 翠微玉照

翠微玉照，小幅。高九寸餘，寬五寸餘。

質白如玉，峰黑如漆，峰筆甚簡。迎日光、燈光照之，則于峰夾層中現青翠之色，無峰處皆朗朗如玉。峰中黑處有銅星磨出，此色爲銅氣之徵也。

## 著色山水小硯屏

著色山水小硯屏一對。

一高六寸四分，寬五寸九分。石色白嫩如玉。上峰下巒皆綠色。上峰之外則天色淡黃，全若金霞。背面倒看則霞在山腰。題曰：『赤城霞。』

一高六寸六分，寬四寸八分。巖巒中立，色如石綠，極其鮮濃。歷觀數百石，無此綠色者。題曰：『翡翠巖。』張氏蘭坡在大理蒼山石屋中所選買而自加磨蠟者，此二石最精。爲題二絶：

泥金雲色夕陽時，積翠山頭淺畫眉。硯外窗光窗外燭，畫如玉版夜玻璃。

宋人水墨已紛紛，名手稀將著色聞。如此滇山罕石綠，逼真才是李將軍[一]。

註釋：

［一］李將軍：李思訓，唐宗室，著名畫家。官至左武衛大將軍，封彭城公。擅畫山水、樓閣、

佛道、花木、鳥獸。其山水畫主要師承隋代畫家展子虔的青綠山水畫風並加以發展，意境雋永奇偉，用筆遒勁，風骨峻峭，色澤勻淨而典雅。尤以金碧山水著稱，爲一家法，後人著色往往效法而難得其韻。畫史稱『大李將軍』。李思訓多描繪富麗堂皇的宮殿樓閣和奇異秀麗的自然山川，並結合神仙題材創造出一種理想的山水畫境界。

## 月石屏

月石屏[一]。高一尺六寸，寬一尺餘。

下半皆山石嶔崎，山脊空處有灣月，白色，周圍有青色淡雲襯之，劇真跡也。

北宋虢山出月石，歐陽永叔、梅聖俞、蘇子美皆有詩。蘇子瞻又以月石風林硯屏贈范純甫，唱和皆有詩。《東坡志林》又云『月石屏真者必平』，然則彼時有贋而不平者，豈若此石真無可疑哉？惜歐、蘇不及見而賞以詩也。

山陰王氏仰微買得此石，余以『四更山吐月』題之。

[一]月石屏：北宋慶曆八年（一〇四八），歐陽修得到老友虢州刺史張景山所贈一塊虢石硯屏，『中有月形，石色紫而月白，月中有樹森森然，其文黑而枝葉老勁，雖世之工畫者不能爲，蓋奇物也。』歐陽修以爲『古所未有』，寫樂府長詩《月石硯屏歌》，並專門請人爲其畫圖，寄贈好友蘇舜卿索詩：『月從海底來，行上天東南。正當天中時，下照千丈潭。潭心無風月不動，倒影射入紫石巖。月光水潔石瑩淨，感此陰魄來中潛。自從月入此石中，天有兩曜分爲三。清

光萬古不磨滅，天地至寶難藏緘。』（歐陽修《紫石屏歌寄蘇子美》）當時梅堯臣等均有詩。《雲林石譜》：『昔歐陽永叔賦《月石屏詩》，特爲奇異。又有一種色黄白，中有石紋如山峰，羅列遠近，澗壑相通，亦是成片修治鎸削，度其巧，輒乃成物像，以手襲之，石面高低，多作研屏置几案間，全如圖畫。』

## 江山晚思

江山晚思小屏。高九寸，寬一尺一寸。

中有綠色横山，巒頭清折，筆法蒼老。山内山外則似煙非雲，又似淡墨和淡綠色所渲。陳繼儒《妮古録》載『江山晚思』石畫屏，似即大理石，爰題此石以擬之。

## 翠巖雲瀑

翠巖雲瀑，團扇式。徑九寸三分。

下列山巖，積濃綠色，鮮湛可愛。巖半微有白雲，巖下又有垂瀑，巖外又有青雲兩層。此幅尤以綠勝。石背則題曰：『石破天驚逗秋雨。』

## 蒼嶺煙霞

蒼嶺煙霞，團扇式。徑九寸三分。

中列主峰，右有峭壁，黝緑色。峰之下煙霞鬱起，爲黄紅色，望之甚濃。

此幅微有匠氣，但此色爲他石所少，録之以備一品。

## 天壇遇雨圖

天壇遇雨圖。横一尺，高八寸半。

中横黝緑色山，起伏有情。山外又有一層緑色遠山。山頂有晴日之色，而山下則急雨如注。石背又有日照于上、雷走于下之意，合劉夢得《天壇遇雨》詩景。

## 玉煙翠樾

玉煙翠樾，小幅。高八寸許，寬五寸半。

質白如玉。中層翠樾積點如北苑畫杉柏法，左下角有緑樹，右上角有紅色如初陽。翠樾之下，則是白煙霏霏浮于林半。右邊透明。

## 相送柴門月色新

相送柴門月色新，圓幅。徑一尺二寸許。

畫看則全是白地，上有淡痕兩道，似兩岸夾一溪，下有淺烏横一道，似山非山，然皆太淡，無趣。及迎日光、燈光照之，則烏痕全變爲木栅，高寸許，横竟幅，栅門外之光明，真是月色一溪，兩岸朦朧，向江而去。溪中兩黑斑又似舟帆。以杜工部句題之，詩境湧出矣。夫必得光而境始出，則古來亦無此畫格也。此幅誤缺其邊，改爲方幅，而合畫景之處尚存。

紛紛月色滿柴門，杜老詩情細與論。不料照人能白石，竟如送客過黄昏。

清溪兩岸彎成影，野艇雙帆遠著痕。何日暮天秋水外，得扶藜杖詠江村。

## 銅山金氣圖

銅山金氣圖。横一尺四寸半，高七寸半。

似孥石緑濃，畫兩峰，且肖礬頭皴點。峰向右欹，右峰頂出氣如煙雲，隨風向左，爲金碧之色。

滇山有五金之利，而銅尤重。余督銅政，歲運一千萬餘斤濟京師天下之用。點蒼山故有銅礦，因爲靈山，厲禁攻治。凡大理石畫中黑緑諸色，皆銅苗之靈氣也。今石中黑緑色堅處，往往磨出銅星，爍爍可捫。東坡《銅山詩》曰：『高巖夜吐金碧氣，曉得異石青斕斑。』彼詩因豪奸探斫而作，豈如今地不愛寶、利用厚生乎？此幅殊少雅緻，但寶藏之興，講格物者所宜致知也，存此以識物理。

## 翠岫斜陽

翠岫斜陽。高一尺六寸，寬一尺。

白地。中立一峰，翠色，稍向左欹，而左上角有紅氣相射，絶似斜陽。以石背迎日光、燈光照之，更瑩明矣。

## 塔嶺朝陽團扇

塔嶺朝陽，團扇式。徑七寸半。

下一層山黄紅色，如朝陽初照。中一層山緑色，鮮濃可愛，峰巒起伏有情。再遠一層山淡緑色，山頂有一尖，絶似遠塔。其山下白雲中，應有孤城矣。

## 陂塘五月秋

陂塘五月秋，小幅。高七寸六分，寬六寸六分。

正背皆具坡路陂塘之意，而背尤勝。

## 日暮碧雲合

日暮碧雲合，小幅。高六寸，寬七寸餘。

中有橫山淡抹，上下皆碧色雲氣，故以江淹詩『日暮碧雲合』題之。上方有破雲一片，微漏夕陽之紅腳，惟其未盡合，更寫出『合』字之意。其石背，雲山清朗，全無暮色。但題『碧雲』二字。先看背面而翻轉，日暮雲合，更有神理矣。

## 綠樹陰濃夏日長

綠樹陰濃夏日長，小幅。高七寸，寬五寸。

上有小橫山、碧雲，山下有小坡。綠色高樹右向左偃，有垂蔭之影。下方地面又有淡紅色之日影。石小而最精。

## 夏日綠陰池塘倒影圖

夏日綠陰池塘倒影圖。高七寸，寬六寸。

中橫小山模糊，有綠樹之陰。山上有日光，山下池水中亦映出黃色之日光，真是倒影矣。張蘭坡劇寶之。余審爲無上妙品。

## 碧玉岑

碧玉岑，方幅。高一尺六寸，寬一尺三寸。

主峰中立，疊巒五層，皆如碧玉色。

琴士侄蔭曾劇寶之。

## 雲臺圖

雲臺圖，方幅。九寸。

右有石臺平頂，山旁有路緣而（一）上。左有高峰，上有雲氣。用五言題以抵銘：

山以雲臺名，多不計其數。余足跡所到，已有三五處。

此有雲有臺，又有登臺路。著色皴老蒼，尺幅傳董巨。

阮翁亦一山，與石固同趣。

校記：

（一）：據光緒本改作『而』字，道光本原作『面』字。

## 羅浮梅圖

羅浮梅圖。高一尺，寬九寸半。

下有水，中横緑山。山上有五六峰，皆緑色，緑色上又多有細白點如粉珠。

張氏蘭坡寶之。余題之曰：『海上羅浮，峰峰緑石。石上梅花，點點雪白。』伊中丞[一]亦有羅浮梅，比此大，特無海水耳。

註釋：

[一]伊中丞：伊里布，（一七七二—一八四三）愛新覺羅氏，滿洲鑲黄旗人，字莘農。嘉慶六年（一八〇一）進士，官聲清廉。曾參與《南京條約》簽署。官至廣東將軍、欽差大臣。阮元任雲貴總督期間，伊里布任雲南巡撫，與阮元同有石癖，選石唱和。阮元一再爲伊里布所藏大理石屏代爲題刻，互有贈答。

## 漢彩雲圖

漢彩雲圖，團扇式。徑七寸半。

面有數峰緑色，右邊有雲氣四五層轉入石背，散開爲緑黄青白十數層。雲南之名，舊志以爲因漢元狩年彩雲見而得名，此其遺歟？道光十一年正月初十日，彩雲見于昆明，有紅紫黄緑青五色勝于此。

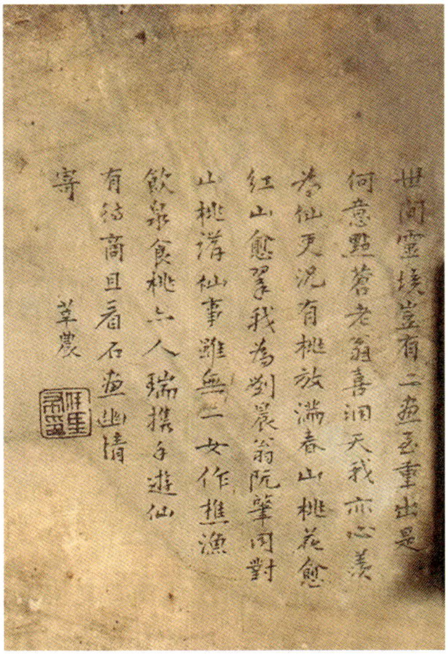


伊里布款《天台山第二圖》大理石屏

## 清流激湍

清流激湍，小幅。高七寸，寬六寸。

中立一巖，綠色。巖上冥冥如有雲樹，巖左右各有帶水分流而下。下方又有流水自右而左，頗具石溪湍激之勢。以《蘭亭》『清流激湍，映帶左右』八字題之，字字皆合，似特爲此二句繪之也。

清流左右帶山分，激石奔湍曲水紋。晉畫晉書誰領取，王將軍與顧參軍[一]。
清流峻嶺帶煙分，不見毫端鈎劈紋。自是輞川渲青綠，南宗勝小李將軍[二]。

註釋：

[一]王將軍、顧參軍：王羲之曾經做過右軍將軍，史稱王右軍。顧愷之曾爲桓溫及殷仲堪參軍。

[二]小李將軍：即李昭道。

## 仿關仝圓障

仿關仝圓障。徑一尺餘。

一面中立主峰，左有二劍峰，右有低巒。下有綠色嵐氣，簡筆具輪廓而已。反面倒看，則下有青嵐，上有兩壁。壁外特立柱峰，分爲遠近兩層。兩壁之隙皆有天光，以燈照之，則天光日色從石背透來。雄奇幽險，關仝結構也。

## 午山日卓

午山日卓。高九寸餘，寬八寸餘。

上有兩重大嶂，下有低巒。山色在黃赤之間，如日午照山之光。嶂下皆有色，如蒸雲，無一點青綠之色，與各石異，可備一格。但看山色，了無詩境，一涉飯顆，便耐苦吟矣。此石能透燈光。

畫出山前日卓午，不是春晴定秋暑。人間戴笠劇尋常，飯顆相逢便千古。
山頭歊[一]色生光芒，氣似文章激昂吐。一片白石非鵝溪，萬丈長如筆掃取。
渭樹江雲試重與，樽前誰説吟詩苦。

註釋：

[一]歊：炎熱、昇騰。

## 節摹輞川圖

節摹輞川圖，圓障。徑一尺一寸餘。

著色，畫山水雲氣。唐《名畫録》云，王維畫《輞川圖》『山谷盤鬱，雲水飛動』。此幅頗具盤鬱飛動之神。背面下有山巒，如秋林黄駁。山外則水天空闊，碧雲下垂，更以韻勝。

## 綉谷錦江

綉谷彩霞，小方幅。徑六寸六分。

上有三巒頭，皆青紅色霞氣。下有緑色山，亦是紅霞。幅中山勢，自右而左，雲氣濛濛作青紫色。此幅皴劈不明，而煙霞備五色，故可曰『綉谷』。背面有波浪江岸之景，曰：『錦江春浪。』

## 翠微霜樹

翠微霜樹。高八寸餘，寬一尺餘。

上有空鈎翠嶺，嶺痕翠色之下如白煙滃之。左右有青林，多上鋭下圓之樹，必老杉矣。右林下半有紅黄色雜樹。嶺右有峽，雜樹由峽内轉去，皆霜葉也。

此石雖成秋景，而色澤鮮明。夜以燈照，則嶺外天光皆能明透如夕陽。

## 梨花雲

梨花雲圖。高一尺，寬六寸。

山路四層，盤折而上，皆間以白雲。山頭皆綠色，綠色上又有碎白點如粉所綴。若以爲梅花〔一〕，則綠山乃春深之色，故以爲梨花。王建詩曰：『落落漠漠路不分，夢中喚作梨花雲。』

校記：

〔一〕光緒本闕『梅花』之『花』。

## 青山白雨

青山白雨，方幅。高一尺三寸，寬一尺五寸。

山巒數重，皆有煙雲白氣，又斜注白紋，勢如驟雨。杜工部詩曰：『青山萬里靜散地，白雨一洗空垂蘿。』以此題之。

縹渺營丘水墨仙，青山白雨疊雲煙。分明又見宣和譜，雨腳曾題僧巨然。

## 烏雲紅日小幅

烏雲紅日，小幅。高七寸餘，寬九寸餘。

上半烏雲下垂，層層如墜。下有小山，山半皆紅色，日光甚濃。此又一君謨夢詩蘇帖矣。

此石背面，乃正面小山透至幅之中，成赭緑色山，山下空虚爲霞色。霞色之外有石壁圍之，名之曰：『赤城霞。』其霞色，即日色所透成者也。

## 菱湄

菱湄[一]圖，圓障。徑一尺二寸。

右下方似有坡（二）岸，向左皆沙漵[二]平引入水。中層又似有沙脊，上方則皆水，水外有遠沙一抹而已。凡水沙淺處皆有圓緑點，如畫家畫水花法。

余家嶢社[三]中有草堂，草堂有菱虆。此幅絶似之，因名之以寄鄉思。以光照背，水皆透光。

註釋：

[一]湄：河岸，水草相接之地。

[二]漵：水邊。

[三]嶢社：揚州運河以西、郡城以北爲北湖，綿亘百餘里，分七十二澗，三十六湖。

三十六湖中有甓社湖，傳宋代出現老蚌珠光異事，亦稱珠湖。

校記：

（一）：道光本原作『波』，據光緒本改爲『坡』。

## 銅陵金氣圖

銅陵金氣圖，小圓幅。徑七寸。

幅中有綠山横亘而多上出之劍鋒，綠山下多黄紅氣，上有金屑的爍可見。夜以燈照，則峰外透黄紅之色，此銅氣所生也。

## 雲泉圖

雲泉圖，方幅。縱横一尺。

上方半山半雲，似夜雨曉晴，白雲尚迷，泉不可見。下方則泉瀑亂垂，如紳如布。『山中一夜雨，樹杪百重泉』，此石肖之。右上角亦透光。又一石六寸許，刻此二句。

# 烏林雷雨圖

烏林雷雨圖。高九寸半，寬一尺二寸餘。

正面有大林，成幽晦黝綠之色。近視之，則有『二米點法』。林下有雲氣，左上角黑雲甚重，右上角雨腳下垂，此已有雷雨之勢矣。及翻轉反面，則滿幅皆黑雲。惟著地處有一條綠山，黑雲中分濃淡處，見疾風舒捲之勢。如此沉晦動蕩，則雷聲風聲必在雲雨之內。于不能畫者而畫之，法在『二米』、房山之間。

天欲雨，山模糊，長林葉黑雲氣烏。大米小米高尚書，合其筆力爲此圖。
右角雨腳蓋日腳，左角雲重墨亂塗。石背翻手忽動色，潑墨有似頭所濡。
風雨撲地鵬落翅，雲頭狂捲龍追珠。此中必有阿香車，請君屬耳聞雷乎。
天生石畫出葉榆[一]，與楚雷鐘皆可雩[二]。余藏楚夜雨雷鐘宋拓本，雩時每陳于家。
語爾片石毋豪粗，泰山觸處方合膚。

註釋：

[一]葉榆：古水名，漢晉南朝時稱今雲南西洱河爲葉榆。西漢元封二年（公元前一〇九）曾置縣，治所在今雲南大理北。此處代雲南古稱。

[二]雩：古代爲求雨而舉行的祭祀。

## 錦浪

錦浪。高一尺三寸，寬一尺一寸。

正面水紋五色相間，而中有起伏之浪。伊莘農中丞所藏。

## 翠石燈硯屏

翠石燈硯屏。高九寸半，寬一尺。

白石。透明中有翠斑如假山，合倪迂[一]折帶皴法。

此屏極精妙，伊中丞寶之。

註釋：

[一]倪迂：倪瓚。

## 黃葉村

黃葉村圖，圓幅。徑尺餘。

下有碧溪，上有山林，左綠右黃。余以蘇詩『家在江南黃葉村』爲中丞題之。

## 朝陽夕陽團扇

朝陽夕陽，團扇式。徑九寸。

正面主峰黝綠色，而左峰上有朝陽之色。背面旁峰淡綠色，而右巖下有夕陽之色。故鐫曰：『朝陽浮翠』『夕陽沉綠』。

## 霞光燈硯屏

霞光燈硯屏。高六寸，寬七寸半。

面看巒頭不顯，惟覺有黄色之山隱于雲中。及迎光照之，則山巒色暗，而空處皆透明爲霞天之色。

## 米元暉小景

米元暉小景。高四寸三分，寬四寸半。

正面白地，著色，畫絶似小米。以詩一絶述之，足見其妙。背色青暗，有石紋，略似梅影。右下方有黄色，題以『清淺黄昏』四字，亦爲巧合。乃無上妙品。

坡陀小樹緑陰肥，一角秋山是翠微。雲氣襯空攢點濕，化工也學米元暉。

## 烏雲紅日蘇帖硯屏

烏雲紅日蘇帖硯屏。高七寸八分，寬八寸。一面烏雲下垂，刻蘇帖『天際烏雲』七字，又刻『阮氏夢詩書畫石』七字印。背石刻『樓前紅日』句。兩重綠山，近濃遠淡，合法有情。左邊日腳紅色向下射照，極有光彩。又一石，高八寸九分，寬六寸。也是一面刻烏雲，烏雲下又有綠雲一層。一面刻紅日，日光在右上角，亦濃，而山則碧色。中有綠點如竹根。此石贈嵩曼士中丞[一]溥，中丞甚寶之。計自戊子後，庚寅辛卯間[二]，合烏雲紅日者十餘石矣。

[一]嵩曼士中丞：嵩溥，滿洲正藍旗人。曾任湖南按察使、廣西布政使、漕運總督。阮元擔任雲貴總督期間，嵩溥爲貴州巡撫。

[二]戊子後，庚寅辛卯間：戊子，道光八年（一八二八）。庚寅，道光十年（一八三〇）。辛卯，道光十一年（一八三一）。

## 附録：春喜齋詩記

阮福 賜卿 [一]

戊子夏，家大人購得烏雲紅日石。方尺許，宛然雨景，而山腰淡紅黄色又如日光。又有樓樹隱約之狀，絶似小米著色雲山小幅。家大人以蔡君謨《夢中詩帖》『天際烏雲含雨重，樓前紅日照山明』二句題之，恰切之至。

昔翁覃溪[二]先生有玳瑁石屏肖此詩意，曾刻蘇書蔡句于屏，作《書畫詩夢石研屏歌》[三]，載《復初齋集》。劉醇甫[四]編修《尚絅堂集》及一時名公集，多有詠蘇齋[五]石屏詩。家大人云，蘇齋石屏未曾見之，若與此較，未知何如？蘇齋石，朱野雲[六]山人曾見之。今山人見此石，云此石爲勝也。

福案：

蔡帖世稱爲《天際烏雲帖》，又名《嵩陽帖》。涿州馮氏快雪堂、曲阜孔氏玉虹樓諸家所刻不少。福既詠此石屏，復讀蘇齋詩，證及蘇帖，摹刻蘇帖數十字于石背，亦如詩夢書畫緣也。

點蒼山色青如蓮，嵩陽天竺誰後先。神工偶爾鑿山骨，割來一片成天然。
此屏著色方尺許，詩景畫意天生全。上方氣黑色深重，烏雲含雨遮長天。
下方忽變乍晴景，照山紅日明樓前。此景此情畫不到，造物並寫詩夢緣。
石中有畫已足異，況合古句奇如仙。昆華節院夏不暑，一屏靜對生雲煙。
可識端明夢詩意，法帖更證東坡鐫。蘇齋玳瑁石相仿，近人詩集多流傳。
此石蘇齋如早見，定有長句來琅嬛。

乙丑秋，福又購大理石，選之巧得四石，裁之爲四小屏。縱橫咫尺，備四時山水景象。

其一為大青綠山，浮嵐暖翠，參差有五六層。山頂雲霞兼有紅紫赤白之色，如李將軍金碧山水，又如沈石田[七]《春雲疊嶂圖》，名之曰『春嶺彩雲』。

其二為濃綠山，色若暑氣鬱蒸。上方有烏雲，雲右雨腳下垂如米家雨景，名之曰『夏山垂雨』。

其三山色爽淨，山内有微雲。山外淡黄似夕陽返照，有極天秋淨之景，如郭熙[八]《溪山秋霽》、燕文貴[九]《秋山蕭寺》二圖，名之曰『秋山落照』。

其四如山中大磯積雪，雪浪奔流，急繞青蒼，中有白色寒氣侵入。營丘畫雪景以淡墨為峰巒，以粉填空處之法，或近之歟？名之曰『寒江雪浪』，並詠之效楊誠齋。

我有古畫幻金碧，裝池非卷亦非册。染皴皆如諸大家，疊嶂層巒但盈尺。
此畫為四備四時，山色雲光照幾席。春雲絢彩何飛飛，如絮如霞嶺上積。
若非石田疊嶂圖，便是小李將軍格。夏峰溽暑草木綠，烏雲雨腳注甘澤。
頗合君謨夢裏詩，淋漓又合米家癖。秋晴山氣爽且高，更喜夕陽天外赤。
燕文貴與郭河陽[十]，蕭寺溪山是名跡。天低大雪滿荒江，一道寒流浪翻白。
淡墨染處空粉填，奇是營丘之所辟。由來古畫溯宋唐，此無一字款可覓。
若有沾汙洗更潔，油具手來亦無惜。笑他落水救蘭亭，此畫任向水中擲。
小齋雨霽天氣清，啟篋開囊示賓客。客初入手皆驚疑，是何沉重若圭璧。

座中有客能繪事，欲筆摹之亦無策。非紙非絹非丹青，神妙離奇漫相劇。

一笑拭之請辨之，乃是點蒼山片石。

己丑冬，福又集得大理四石，縱橫皆一尺外，巧如畫幅：

第一橫幅。春山睡綠，湘煙疊疊，煙痕宛然有欲銷之意。用子厚句題之曰：『煙銷日出不見人，欸乃一聲山水綠。』此『湘煙春霽』也。

第二方幅。橫嶺連峰，沉陰爲深綠色。下有雲起，上有雨來。用許渾詩意題之曰：『溪雲初起，山雨欲來。』此『夏山欲雨』也。

其三立幅。特立方峰，右連綠嶺，天飄雨腳，雲落峰腰。亦用丁卯詩意題之曰：『殘雲歸太華，疏雨過中條。』此『華嶽秋晴』也。

其四橫幅。石紋如坡公雪浪石，青白相糾，酷肖風雪江流、寒磯激浪之勢。即用坡公句題之曰『畫師爭摹雪浪勢』。此『寒江雪浪』也。奉嚴命賦長句：

記我往歲來華陽，蘭舟千里遊青湘。煙銷日出楚山綠，一聲欸乃湘江長。

曷來太華挹爽氣，殘雲疏雨時相望。足跡尚未到西嶽，斯山遠以太華當。

若說溪雲看初起，山雨欲來風已涼。可記最妙是何地，端溪避暑崧臺旁。

又若寒江雪浪勢，欲摹真景須吾鄉。金焦山足有磯石，積雪風捲波激昂。

十年粵海不見雪，滇池雪亦輕如霜。胸中有此詩畫境，苦無妙筆徒彷徨。

有客有客鼓掌笑，如此求畫毋乃傖。設有四時絶妙畫，天工奪盡人工良。
春爲湘煙幻霽色，夏山欲雨陰無光。秋晴華嶽捲殘雨，冬爲雪浪破雷硠[十一]。
若審家法與時代，不知畫師誰宋唐。欲買須向洱海去，無煩紙絹千金裝[十二]。
我聞少間頓生悟，畫師必是來點蒼。我有此意比客早，先具四石藏綈囊。
今又購此四屏石，朱提[十三]一流價已償。詩無畫意乏天趣，畫無詩境非古香。
畫成更索古人句，鐫題一一呈高堂。

註釋：

[一]阮福賜卿：阮福（一八〇一—一八七八），字賜卿，號喜齋。阮元子，行二。國學生，歷任戶部郎中，平涼、宜昌、德安知府。母謝雪，字月莊，阮元側室（一七八二—一八三六），能詩，畫折枝小幅，學惲家風格。妻許延錦（一八〇一—一八七二），字雲薑。

按：嘉慶六年（一八〇一）正月，嘉慶御賜阮元『福』字頒到。諭曰：『親書「福」字賜卿，願兩浙士民同霑厚福。欽此。』十二月二十七日，嘉慶帝再次賞賜阮元『福』字到浙，是日阮福出生于節署，故名福。字賜卿。

[二]翁覃溪：翁方綱（一七三三—一八一八），字正三，一字忠叙，號覃溪，晚號蘇齋。清代書法家、文學家、金石學家。直隸大興人。乾隆十七年（一七五二）進士，授編修。歷督廣東、江西、山東三省學政，官至内閣學士。著有《粵東金石略》《蘇米齋蘭亭考》《復初齋詩文集》《小石帆亭著録》等。與阮元前後督學山東，共同研討金石。

［三］書畫詩夢石研屏歌：翁方綱藏《天際烏雲帖》，寶藏珍愛。一再題詠，欲繪圖擬詩卷『天際烏雲含雨重，樓前紅日照山明』未果。後偶得一石硯屏，天然畫面絕似詩帖詩意，作長歌賦此石屏，並邀朝中諸友唱和。

［四］劉醇甫：劉嗣綰（一七六二—一八二〇），字醇甫、簡之，號芙初、扶初。江蘇陽湖人。嘉慶十三年（一八〇八）進士，官編修。善詩詞，有《尚絅堂集》。

按：《尚絅堂集》集卷十二《蘇齋石屏詩》：覃溪先生藏有蘇書蔡君謨夢中詩真跡，屢覓畫手圖其意，訖不能似。近得一石屏，宛然『天際烏雲』二句景也，書來索句作此詩寄焉。

蘇齋蘇帖真賞孤，墨雲淨空潤不枯。寫詩寫夢偶然耳，恨不當時兼寫圖。公藏此帖卅載餘，晴窗相對日夕娛。俗工百手畫不到，復恐清景人間徂。突然片石來仙都，樓前山際境不殊。虹光如貫月千頃，海淥自搖天一壺。公時卧遊江與湖，返照在壁黃雲鋪。得毋山靈覷天巧，中躡夢影追詩逋。我公學蘇兼學書，我言公詩神似蘇。峨眉千尺倒空綠，清人心肺涼肌膚。一生胸次天爲徒，幻態往往相追摹。驚雷激電有時有，淡日輕煙無處無。請持吾言問君謨，夢中之詩有是夫。斯人回首不可作，此石點頭猶可呼。屏間虛白清雙矑，勿使潑墨翻模糊。樂生倘亦具石癖，破費畫石閑工夫。蓮裳以圖見示燕臺昨夜西風初，門前葉葉飄秋梧。作詩贈石下石拜，夢公恍惚蘇齋隅。

［五］蘇齋：翁方綱晚號『蘇齋』。因得宋刻本《施顧註東坡先生詩》，如獲至寶，珍若拱璧，題其室名曰『寶蘇齋』，自號『蘇齋』。

［六］朱野雲：朱鶴年（一七六〇—一八四四年），字野雲，號野堂、野雲山人。泰州人。清代畫家，與阮元有交誼。

［七］沈石田：沈周，號石田。明代畫家，蘇州人。吳門畫派代表人物。

［八］郭熙：北宋畫家，河陽人。熙寧元年（一〇六八）召入畫院，山水師法李成，早年風格較工巧，晚年轉爲雄壯。

［九］燕文貴：北宋畫家。吴興人。擅畫山水、屋木、人物，獲舉薦入翰林圖畫院，得宋太宗賞識，所畫景物清潤秀雅。

［十］郭河陽：郭熙，河陽人。

［十一］硠：落石或雷鳴之聲。

［十二］綈囊：用厚的絲織品所製儲物之囊。

［十三］朱提：銀錢別稱。

# 雪林圖

題大理石雪林石屏用蘇黃雪林石屏韻　拾性空人詩

晴雪浮白烟，紫樾觸含陰。陰陰玉田氣，森森聚梅林。皓色透石背，林影相與深。蘇黃筆驚見，奇妙添詩心。　如冬

陳如冬《雪林圖》

### 録蘇公題狄詠石屏

霏霏點輕素，渺渺開重陰。風花亂紫翠，雪外有煙林。
雪近勢方壯，林遠意殊深。會有無事人，支頤識此心。

### 又雪林硯屏率魯直同賦

西山無時春，巉巖鎖頑陰。分明倚天壁，點綴無風林。
物固爲人出，興誰于此深。窮奇真自蠹，詩句且娱心。

### 黄山谷次子瞻韻

翠屏臨硯滴，明窗玩寸陰。意境可千里，搖落江上林。
百醉歌舞罷，四郊風雪深。將軍貂狐暖，士卒多苦心。

### 伊中丞詩

是雪非是雲，是晴非是陰。明見翠滴硯，真有煙散林。
蘇黄題詩古，伊阮寄情深。誰知此意趣，都在石翁心。

## 鐵壁生雲玉峰積雪兩面畫

鐵壁生雲玉峰積雪，分兩面畫。高九寸，寬一尺三寸七分。

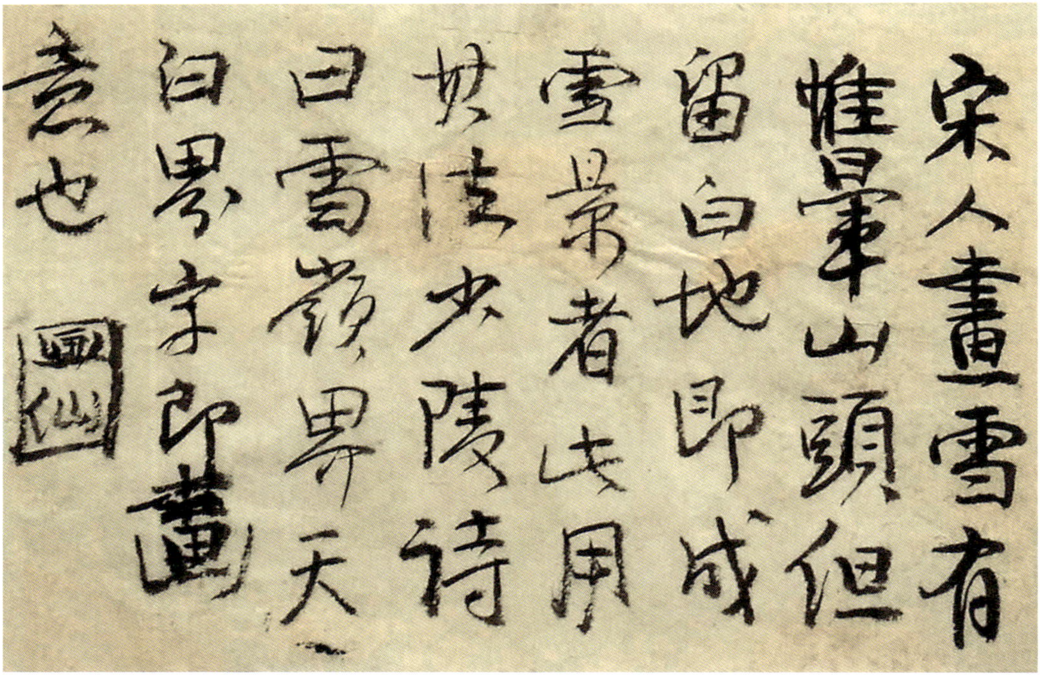


《石畫記》稿本

一面黝綠色兩峰相連爲横壁。壁下有雲氣，似觸石而出。一面左爲壁，右爲峰。古人畫雪，惟暈山頭，但留白地，即成雪景。此似用其法矣。

此石清堅，有聲如磬，畫格亦蒼老，在馬、夏之間，北宗也。少陵詩曰『壁色立積鐵』，又曰『雪嶺界天白』。『立』字、『界』字，皆畫意。

## 花塢夕陽遲

花塢夕陽遲。高八寸，寬八寸半。

中横綠山，多爲雲氣所染。兩山中之低處則一片紫色，間有白點如春林雜花，其《輞川圖》中之辛夷塢耶。下方雲氣之表或露白點之花。上方夕陽黃色亦甚分明，故巧合杜荀鶴『花塢夕陽遲』之意。背面倒看亦有綠山花點，但皆白點，只可名之曰『梨雲』耳。

新雨綠兩山，中有尋花路。一路雲漫漫，詩人自來去。
我愛杜彥之，若在花間住。桃李與棠梨，亂髮雲中樹。
山坳木筆多，紫色含煙霧。疑是輞川人，自畫辛夷塢。丁度《集韻》，『塢』有去聲。
風日故有情，光景妙于暮。遲遲夕陽色，默默林花趣。
嗟此一片石，幻出古詩句。我欲買春山，惘然在何處。

## 兩面小硯屏

兩面小硯屏。高六寸，寬四寸三分。

一面題刻『山抹微雲，天連衰草』，宋詞。一面題刻『烏雲含雨，紅日照山』。

皆甚肖之。石之小而精者。

## 兩面硯屏

兩面硯屏。高七寸，寬六寸二分。

正面，黝綠色横山，下半全白如玉，煙頂有横雲。背面，下方如沙岸，岸外則全是晦色遠潮。

故以『開雲種玉嫌山淺，渡海傳書怪鶴遲』二句分題之。

## 晨光熹微團扇式

晨光熹微，團扇式。徑八寸許。

中有黄色峰巒，尚未顯露。以光照背，則明透如朝陽初昇，晨光尚微。

## 蕉林天影

蕉林天影小硯屏。高四寸，寬六寸三分。極精，爲無上妙品，詩能説之。

零陵庵中書綠天[一]，點蒼山裏藏畫仙。仙人畫蕉先畫影，説與凡工渾不省。遮頭高葉最老蒼，葉邊日色浮輕黄。青如遠山綠如水，幾層濃淡涵天光。吴小仙[二]，學此幅，硯側小屏一片玉。紙窗畫影看不足，更向燈前照空綠。

註釋：

[一]零陵庵中書綠天：綠天庵，在永州零陵東山，唐代書法家懷素習字之地。

[二]吴小仙：吴偉，字次翁，號小仙。江夏人。擅畫水墨寫意、人物、山水。筆墨恣肆。成國公朱延每稱『小仙』，遂以爲號。曾爲明代畫院待詔。

## 繞綠來青

繞綠來青書屋圖。高一尺許，寬一尺。爲林小汀表弟怡曾[一]，官兵司馬指揮題『繞綠來青書屋』扁，兼以青綠山水滇石此幅寄之。

有官小試執金吾，軟紅塵裏乘鋒車。車前列卒持鞭呼，又聞柏臺臺上烏。

風格高舉。人知偃善馬，不知松石更佳。』杜甫有《戲爲韋偃雙松圖歌》稱贊韋偃畫松勝過前人。

［三］閣羅鳳：南詔第五代王。其父皮邏閣在唐朝扶持下統一六詔，受封爲雲南王。閣羅鳳繼位初臣服于唐，助唐抗擊吐蕃。後因雲南太守張虔陀暴虐無禮，天寶時起兵反唐，大敗唐軍。

## 雪林圖

雪林硯屏又一石。高八寸，寬七寸七分。

下有雪氣，中有翠林。翠林之外，則雪色更爲深遠，有四五峰森立，更以同雲襯之，其白尤顯。前一石，有林無山。此則山林明白之至，而雪景尤備東坡居士《雪林》二詩。前詩似有林無山，及與黄山谷同作，則又似有山無林。此硯屏有山、有林、有雪。故又用其韻作一首以紀之。前石松林白煙明透之趣勝于此石，此石以淡墨襯出白雪之峰，雪景分明如畫，勝于前石。

夜雪滿山野，曉色猶沉陰。北風撼松雪，雪落森翠林。
遠峰立群玉，寒意分淺深。豈有無事人，聊娛匪石心。

## 湘林雨霽

湘林雨霽硯屏。高六寸半，寬七寸。

中横翠林，勢皆向右欹，緑色匀碎，頗似受風雨後之竹林。而林下有白煙。林左有紅色，故謂之雨霽。以燈照更妙。

瀟湘一夜雨，重壓斑竹林。曉來江雨歇，雲氣何沉沉。
初日紅影透，萬竿含翠陰。爲受夜風力，欹斜復蕭森。
晴煙落林脚，白氣猶涔涔。何以蒼洱石，畫此湘江吟。
小屏立尺幅，宜伴硯與琴。

## 黄葉村硯山

黄葉村横長硯山。横一尺，高四寸。背面有漲痕崖樹之意。故刻『野水参差落漲痕，疏林欹倒出霜根』二句。正面則山坡林色或翠或黄，渲染鮮明。故刻『扁舟一掉歸何處，家在江南黄葉村』二句。又刻『大凝』小印。

## 暮山紫

暮山紫，硯屏。高七寸二分，寬八寸。

正面山横三峰，峰分數層，皆鮮紫色。故以『煙光凝而暮山紫』題之。背面則紫色走透，

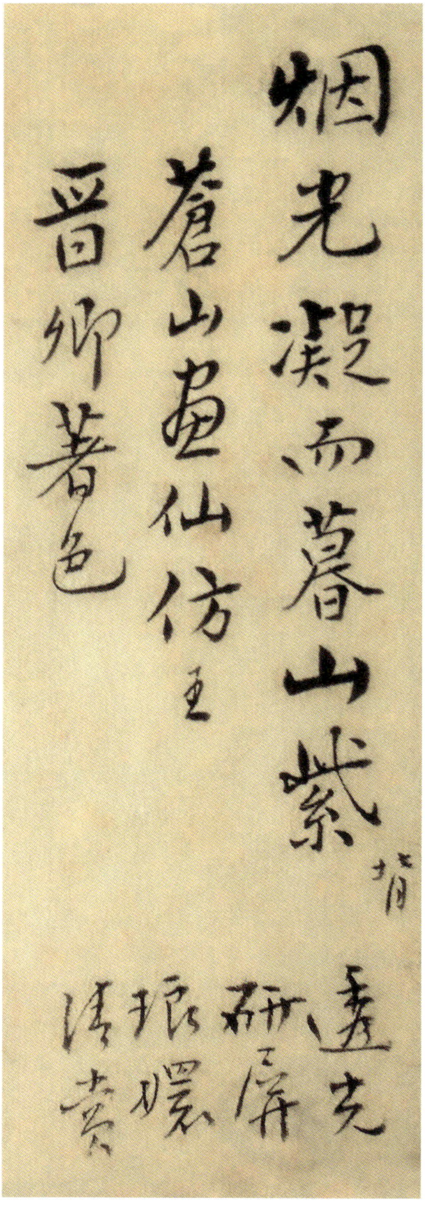


《石畫記》稿本

又雜黃紅〔一〕綠色。故以『彩雲南現，紫氣東來』題之。

校記：

〔一〕光緒本闕『紅』字。

## 燕文貴秋山圖

仿燕文貴秋山圖，立幅。高一尺二寸，寬一尺。

中多黝綠色巖巒。右方山腹有雲氣，山足黃色如霜林，而巖上又有淡墨遠山一層。

此幅畫法古茂，求之元人皆不能到。惟余曾見燕文貴真跡，極似之。

## 放翁詩意

放翁詩意，小方硯屏。高寬五寸。

左有兩山，右有山缺處，紅色甚鮮，故以『青山缺處日初上』題之。燈照尤妙。

## 點蒼山雪人峰圖

雪人峰圖。高一尺六寸，寬一尺九寸。

上峰下巒，巒上峰下皆碎冰紋，而雜以雪色。此峰在中峰之北，冰雪晶瑩，日曬不銷。此石似現身自畫也。

莘農中丞買此石，余爲名而刻之。

## 萬松疊翠

萬松疊翠，硯屏。高七寸，寬八寸半。

下半溪（一），綠色山。山上皆濃綠色點子如遠松，凡起伏三峰。

校記：

（一）光緒本原爲『下半淡綠色山』。

## 晚霞秋雪圖

晚霞秋雪圖。高九寸七分，寬六寸七分。

蒼巖矗起，下有雲氣。巖頂則白點糝碎如殘雪，巖上左方則天光紅映如晚霞。點蒼山八九月即有夜雪，秋陽曬之，終日不銷。向晚則霞雪交映，余屢見之如此。此山自繪也。

## 日觀峰圖

日觀峰，小幅。高八寸半，寬一尺五分。

青綠大巖，色分濃淡，巖頂則紅光高起，罩射鮮明。背無山，惟有金碧雲氣濛濛而已。張公肇岑刻之曰：『雲臺先生嘉慶八年《登岱》詩曰：「日觀開扶桑，元氣浴滉瀁。色鑄黃金天，嶽影搖清曠。陽烏突躍出，朝采忽飛颺。」謂此石能畫出詩意。』燈照紅透光。

## 歸雲擁樹

歸雲擁樹，小横硯山。横九寸半，高五寸半。

正面題『歸雲擁樹失山村』；背面題『返照入江翻石壁』。皆肖之。又一小横幅，不逾六寸，亦肖二句。

## 赤壁研山

高三寸，寬八寸。

正面巖石鮮赤如雞血，刻『赤壁』二字。背只右一角，餘皆如月夜峰影希微而已。題曰：

『此赤壁夜月中山影也。』

## 點蒼秋雪

點蒼秋雪，圓幅。徑一尺三寸。

綠色峰巒，凹處白點似殘雪。

伊中丞所藏。

## 仿董北苑

仿董北苑圖，幅如團扇，徑七寸七分。

雖小幅而峰壁層矗，氣勢雄厚。赭墨之中雜以白雲之氣，洵名筆也。

## 烏雲紅日圓障

余既得『相送柴門月色新』圓石矣，後采石者又以此石來賣，圓徑與前同。

其畫跡雖亦希微，又巧合蘇帖一句之景，隱隱有山巒兩三層，山巒之下似有村林坡陀，紅色如淡朱砂所染。巒上有烏雲下垂之意。平視之不如照視之顯而濃。蓋色在石夾層也。

## 杉林茶焙硯山

杉林茶焙硯山，二石。横一尺七分，高五寸。

用皮日休『茶焙』名也。凡大理石畫，色皆在夾層之中，稍斜而片之則成峰巒，巧拙分矣。此石本方幅，兩面出峰，一上一下。予裁爲二，遂爲兩硯山，離之則雙美矣。横峰各七八，如小米聚點之法。

## 竹隃

竹隃，小方幅硯屏。高五寸，寬六寸三分。

畫如山上有竹林，綠色修密。

予〔一〕字恩山〔二〕孫曰竹隃，即以此石與之。

註釋：

［一］恩山：阮恩山（一八二二—一八六四），號竹喻，小名午生。阮元五孫，阮福子，國學生，布政司理問銜加二級，誥授奉政大夫。

校記：

（一）道光本作『子』字。今據光緒本改。

## 夕陽紅樹

夕陽紅樹，方幅。高一尺，寬一尺一寸二分。

上層爲大開障之綠色横山，雜以礬頭墨點。中下兩層則似長林横亘赭紅色樹葉，右（一）有黄色夕陽。障内外又有雲斑煙氣。背刻『仿米元暉《大姚村圖》』。

校記：

（一）光緒本『右』作『石』。

## 黄鶴山樵［一］畫太白句

小硯屏。高四寸二分，寬五寸二分。

山巒數重，分淺深碧色而又間以雲氣。黃鶴山樵法也。太白詩云：『不覺暮山碧，秋雲暗幾重。』似爲此題也。

註釋：

［一］黃鶴山樵：王蒙自號黃鶴山樵。

## 嵩陽青眼

嵩陽青眼，兩面石。高八寸七分，寬九寸。

背面，上有烏雲，烏雲下露山前紅日之意。故摹刻『天際烏雲含雨重，樓前紅日照山明』二句蘇帖。正面則山峰明朗，巒頭數層高起頗似嵩山華蓋中峰。故摹刻『嵩陽居士今何在，青眼看人萬里情』二句蘇帖。刻『阮氏夢詩書畫石』印。

## 月中山影

月中山影燈硯屏。高八寸七分，寬七寸八分。

白淨透明，中有淡綠峰巒，如月下看山。石背如水中倒影。余集司空《詩品》四句銘之曰：『如月之曙，淡不可收。如覓水影，與之沉浮。』

伊中丞亦有一石，與之相似。高九寸三分，寬九寸。亦同此銘。

## 梨花雲

梨花雲，大方幅。高二尺三寸，寬二尺一寸。

伊中丞之石。上多綠山，山上白點如梨花。山下半是雲氣，巨材佳繪也。余以王建詩意名之且繫以歌，刻而返之。

梨花雲，夢中路，春山都是梨花樹。石屏花樹半雲遮，王仲初詩在何處。
曾記西山遊戒壇，羅睺嶺下花漫漫。白雲綠樹尋詩去，店舍無煙多曉寒。
關山路遠月相送，幾度梨雲含雨重。今日點蒼山裏雲，畫出春遊舊時夢。
君亦春明思故園，滇衙花石冷如村。吟詩同似潁州路，春月溶溶深閉門。

## 梨雲詩夢

梨雲詩夢，余之石也。其景色與前石同一類。

高一尺三分，寬一尺二分三寸。

## 楊柳月中疏

楊柳月中疏，透明小硯屏。高五寸二分，寬六寸。白石中夾青綠，疏影似有高柳之形。故名之。

## 觀音像

此石高二尺餘，寬尺半。中橫綠色山，山下有雲水之紋。山中似有一小像，向右坐，如觀音戴軟帽，拖白衣，眼鼻略具。遠數步視之，更宛然如見。以燈照之，更透水月之明。

女蘿[一]奉歸家鄉，供海岱庵中。

註釋：

[一]女蘿：唐慶雲（一七八八—一八三二），字古霞，長洲人，阮元妾。工花卉蟲魚，用筆沉細，賦色妍妙，深得惲壽平真諦。著有《女蘿亭詩集》六卷。

按：阮元有一妻三妾，正室江氏爲歙縣候選同知江振的女兒，繼室孔璐華爲山東曲阜孔子七十二代衍聖公孔憲增長女，側室劉文如、謝雪、唐慶雲。道光十二年（一八三二）二月，長期隨同阮元照顧起居飲食的愛妾唐慶雲在雲南病故，卒年四十五歲。

# 玉羅漢

玉羅漢，此石高一尺二寸半，寬九寸。

上半暈深黑色，下有一白帽白衣人旁坐，似羅漢像。

《清異録》云：『京城北醫者孫氏，有木頰小石屏。石色赤緑，上有正白如蒙頭坐僧，頗類真。京人相沿號「玉羅漢屏」。』今此石以陶説較之，宛然如一，亦可名之曰『玉羅漢』。豈百年之石入蒼山而復出耶。

王氏仰微所藏。

# 舞鶴賦

大方幅。高二尺，寬二尺一寸。

二面皆有横山，山上下皆有冰雪之景。伊中丞之石也。余以鮑明遠賦題之曰：『涼（一）沙振野，箕風動天；巖巖苦霧，皎皎悲泉；冰塞長河，雪滿群山。』翻轉背面，接題之曰：『既而氛昏夜歇，景物澄廓。星翻漢回，曉月將落。』皆肖之。

校記：

（一）《鶴舞賦》原文，『涼』亦作『颭』字。

北京天壇公園藏阮元款『山川晴靄』大理石屏

阮元款『禹門疊浪』大理石屏

禹門疊浪

蒼山畫仙仿南宮筆法。伯元

余家生長廣陵隈，曲江觀濤賦老枚。宦游淛江近十載，八月觀潮幾徘徊。前胥後種掀天地，浪花襟逯走風雷。生平於此歎觀止，欲再探奇安在哉。未幾中州移節去，眼界愈曠心愈開。禹門之高高絕頂，東華西岱皆輿台。珠宮日闕不可即，瓊瑤碔砆勢崔嵬。河伯波臣相擁護，黃河之水天上來。赤鯉欲上不敢上，浪花如掌金碧堆。河聲如吼日夜湧，跳珠碎玉光暟暟。況當雲蒸復霧暝，疾風暴雨來相催。前浪後浪相徵逐，天水孕作混沌胚。驚心動魄弗可已，大哉觀乎此其魁。安得米家父子筆，寫出縑素絕塵埃。山靈蘊郁成畫本，此真燒尾魚暴顋。我來臥遊北窗下，清風明月如追陪。伯元題

## 龍雨圖

龍雨圖，大方幅。高一尺五寸，寬二尺五分。

正面下有山巒，上有驟雨下注之紋。雨中現龍爪一雙，攫拏有勢，餘皆不見。翻轉背面，則全是雲雨迷濛而已。

亦伊中丞之石。

### 伊中丞里布龍雨圖石歌

堂上忽駭雷車鳴，大風捲雲盆雨傾。風狂雲厚勢拏攫，中有神物盤梁還繞楹。東望見鱗西見爪，龍之爲靈搖光晶。豈但闔潭童婢走，我亦蒼黃心魄驚。須臾瞠目定神看，乃知龍雨圖石發真精。石髓散雲不著跡，石斑化龍不點睛。龍如飛動雨如注，當前滿眼迷離情。忽然真遇大雷雨，琴几幌砰訇聲收。畫入囊，掩石平。靈物潛伏青天晴。

### 和伊中丞龍雨圖石歌

誰探驪珠得詩早，夢得引杯真絕倒。一時元白懷古情，罷唱不復尋龍爪。孫位潑墨畫葉龍，五爪怒攫生雨風。古人詩畫各不朽，淪入點蒼文石中。石中墨龍飛上天，畫龍不畫龍身全。青山白雨走雷電，惟見雙掌拏雲邊。

益州邪龍如太乙，中有丹青萬枝筆。但須畫爪勿點睛，惟恐僧繇一龍失。
只今雷雨昆明池，六月著手寒龍皮。石翻不見雨龍爪，惟見雲頭雨腳下壓長慶詩。

## 嶧陽孤桐

嶧陽孤桐，大方幅。高二尺一寸半，寬一尺八寸。

中立直峰，峰左有低巒，峰右有低峰。兩峰之間則黑色積點如密松山林矣。中峰蒼色，峰下有孤桐特立，長一尺，向左微欹，身幹皆綠色。乍看不覺，一經指出宛然如現，確是桐，不是他木。題曰：『仿吳仲圭[一]畫法者，爲其筆氣頗似蒼潤雄秀也。』此石爲吳公謹女婿持去。

萬古弄石者，禹貢開其宗。此畫有鉛氣，峰右多黑松。
是真可詫之怪石，況有離琴灑瑟之孤桐。主峰絶似嶧山峰，披皴略與梅花道人同。
桐身孫枝老更綠，蒼然特立秋色中。魯南嶧山隔萬里，乃有蒼洱文石爲化工。
山靈讀經又讀畫，丹青幻出人無功。今當立我書硯側，聽我萬壑彈松風。

### 伊中丞詩

我家舊有龍門桐，無枝百尺撐蒼穹。今君亦得嶧陽木，點蒼石影霜雪禿。
是石是畫是雲根，倚屏欲辨已忘言。惟見化工淋漓弄其筆，又如側耳希聲有琴瑟。

註釋：

［一］吴仲圭：吴鎮，字仲圭，號梅花道人。元代畫家，嘉興人。擅畫山水、墨竹。山水師法董源、巨然，兼取馬遠、夏圭，乾濕筆互用，尤擅帶濕點苔。水墨蒼莽。喜作漁父圖。

## 琅嬛圖

方幅。高一尺五寸二分，寬一尺七寸半。

中爲綠色山巒，起伏柔潤。題曰：『仿黃鶴山樵。山上天光，迎照透明。』

## 霽巖垂瀑

小幅。高四寸半，寬七寸半。

題：『仿王晉卿。韓退之詩「是時新雨霽，垂瀑懸天紳」。』

綠巖居中，瀑在左方直注，有雲氣護之。

## 梅柳渡江春

小幅。高寬皆七寸餘。

下橫江水，上有梅柳迷濛之景。柳有緑色，梅有白點。

## 煙江疊嶂

方幅。高六寸三分，寬七寸。

下有江煙，上有兩層緑嶂。

## 琅嬛燈屏

小方幅。高寬皆七寸餘。

上有黝色山頭，自左起伏向右。山上有淡紅色，下有淡緑色。迎光照之甚透明。又一小者，長不足六寸，寬半之。中有黄色山影，照之白如玉。

## 嵩陽萬里

此仍是『天際烏雲』兩面景，特異其名爲分别耳。

高八寸半，寬一尺。

正面刻『天際烏雲』二句，『阮氏』二字印。背刻『嵩陽居士』二句，『夢詩書畫石』五字印。

## 仿郭河陽秋山長卷

二石兩面。共成四幅。高九寸半，寬一尺七寸三分，以三幅接成爲山峰長卷。此二石本一大方石，其石紋山勢乃上下出峰，無此畫法。裁之爲二而倒其下，遂使峰尖皆向上矣。古人紙絹長卷頗有接縫者，今以反正接爲四幅。惟第四幅素無畫跡，留與後人題跋。前三段以『神品』二字方印爲鈐縫，妙在鈐縫處山巒皆巧相湊合，而峰上淡黄皆如夕陽在上，洵神品矣。皴染佈置似郭熙。二石雖厚，夜以燈照，峰上透光。

## 雪人夕陽二峰圖

二峰圓幅。徑九寸。

一面刻曰：『點蒼中峰之北有雪人峰，四時皆雪，秋日尤佳。每當曉雲初揭，雪糁緑巖，旭日漸開，霞明玉岫，此石能自畫，畫工不能也。』一面刻曰：『點蒼最南之峰曰「夕陽峰」。翠屏東罨，紅日西沉，此亦自畫也。』

## 未及上翠微

小方幅。高六寸二分，寬六寸八分。

下有巒頭，右有立峰，皆青色，半在石夾層内。迎光照之，無山處皆甚透明。

## 天開斜景

高七寸，寬六寸半。

面刻『天開斜景遍，山出晚雲低』，孟襄陽句也。背刻『夕陽連雨足』，亦孟句。

## 三潭印月

三潭印月。高九寸二分，寬七寸六分。

如淡墨色水波，而左上有三灣白痕如新月。前王氏有月石屏，乃一月也。此有三月，殊爲畫足失酒。姑以『三潭』題之，雖以解嘲，亦殊巧也。

## 山色潮音

夕陽山色晚潮音。高一尺五分，寬九寸二分。

畫意肖此句。

## 松石間意　枯樹

大方幅。約方二尺。

左方有松形偃蹇向右。右下有石形，蕭思話『相賞有松石間意』似之。未知歐陽公松石何如？此必過之也。又一石，枯槎斜横于上。題曰：『畫庚子山枯樹賦意。』皆伊中丞石。

## 蒼山雲帶

横幅。高六寸三分，横一尺七分。

刻曰：『點蒼山腰每有白雲如帶，欲畫不能。此石得之矣。』山頭數疊，刻印四字曰：『肖張伯雨[一]。』

註釋：

[一]張伯雨：元張雨，字伯雨，號句曲外史。錢塘人。書法清逸。

## 岷峨雪氣

圓幅。徑一尺四寸。

正面刻『岷峨雪氣』，且曰『用李群玉詩意題之』。背面刻許渾『巴蜀雪消春水來』句。皆肖其景，于『氣』字尤切。

## 小雪圖

高一尺五分，寬一尺二寸四分。

刻曰：『辛卯[一]小雪，用唐人「微交月影，稍助山明」意題之。』林滋《小雪賦》。背有日色，摹《快雪時晴帖》。

註釋：

[一]辛卯：道光十一年（一八三一）。

## 四明樊榭[一]圖

四明樊榭圖，圓幅。徑一尺一寸半。

主峰中立，左右有陪峰，後有遠峰。用赭綠色鈎勒加以苔點，惟皴筆不多。中峰空白甚寬，即此已合畫意矣。乃迎光照之，則天光山影皆瑩透于圓鏡之中。中峰白處又有數窗，更覺透明，若令畫家畫四明樊榭之仙窗，安能如此。惜此石厲太鴻[二]未及見，若持贈之，必有絶妙好詞矣。

## 陳雲伯文述四明樊榭石屏歌

海内洞天三十六，赤水丹山好巖谷。四明山爲『丹山赤水之天』，見《洞天福地記》。朱鳥窗櫺面面開，中有仙人顔似玉。仙人玉鼎煉丹砂，山甫風詩説舊家。肌雪眉雲塵世少，瑤池何似婉淩華。仙山樓閣緣高下，凝妝別有玲瓏榭。匏爵姻緣説卯金，青冥鸞鶴應停駕。更有雲英小妹嬌，乞漿人問古藍橋。神仙眷屬應來往，吹過秦臺弄玉簫。雲窗霧閣橫春碧，幻作點蒼山下石。我欲題詩付嫋煙，雲母屏風應不隔。琅嬛仙客本仙官，金馬滇池上將壇。嶽貢川珍應護惜，宜園閑共鶴雛看。寄我團圞一明月，中有丹青好林樾。漢皋羈旅正懷鄉，夢魂一夜飛吳越。許掾全家道氣濃，近從駐鶴禮仙蹤。室中亦有姬姜在，前世同居玉局中。渴飲玉泉飢食棗，中有仙人長不老。便將畫石當神廬，石姥石公都大好。萬里勞君遠寄將，謂默園觀察[三]摩挲石鏡有輝光。不須更贈錢塘厲[四]，紫府真人弟子行。朱文正公謂師前生爲紫府真人。

註釋：

[一]四明樊榭：晋葛洪《神仙傳》載，東漢末年，江蘇下邳人劉綱爲上虞令，性喜神仙方術，棄官掛印，偕夫人樊雲翹在四明山結廬學道，劉樊二人雙雙白日飛舉，踏雲昇仙。後人在昇仙處建祠觀，又在觀旁建樊榭以祀樊夫人。

按：《頤道堂詩選》卷二十八，録該詩題爲《四明樊榭石屏歌寄謝琅嬛師滇中並謝劉默園觀察》，並有序：『石圓式圍三尺六寸，徑尺二寸。巖壑林樾歷歷如繪，琅嬛師得之滇中，題曰「四明樊榭」，並跋云：「此石向明照之見天光山影，皆能瑩透，且壁内有數窗，惜不及贈厲太鴻。」太鴻所居名樊榭山房也。觀察寄余漢上並索賦詩。樊榭以漢劉綱妻仙女樊榭翹所居得名。故詩中及之。』

［二］厲太鴻：厲鶚（一六九二—一七五二），字太鴻，又字雄飛，號樊榭、南湖花隱。錢塘人，清代著名詩人、學者，浙西詞派中堅人物。著有《樊榭山房集》。厲鶚墓在杭州西溪，無後承祀，里人以主宜近祔，遷其木主移奉茭蘆庵塔院。中爲樊榭龕，右則側室朱氏名月上者，並鳩金共置墓田，報官立案，付庵僧，收息供祭祀之用。蔣炯請阮元爲書墓田碑記，阮元欣然書碑並有詩。

［三］默園觀察：劉肇紳，字默園。洪洞人。嘉慶时官浙江平湖知縣、同知，道光時任湖北鹽道，精書法。

［四］錢塘厲：即厲鶚。

## 松嶺青霞

方幅。高一尺七分，寬一尺一寸半。

大鈎廓綠障，右有小林，上下皆青雲，嶺松皴點亦佳。

## 米元暉山林小景

高五寸半，寬七寸。

小攢點，濃著色，松林三層，間以雲氣。左上有淡綠遠山一角。又有大似此者。

二石已贈李、王兩主試矣。

## 金碧沒骨山

直方幅。高七寸，寬五寸三分。

刻曰：『金碧沒骨山，小李將軍畫，乃鈎皴匡廓後填金碧也。此乃調金碧飽其筆爲沒骨之山，爲後人開一門徑。』碧色如翠毛，金色如泥金。

## 浮嵐暖翠圖 仿北苑出蟄龍圖

高一尺半寸，寬一尺四寸。

面刻『浮嵐暖翠圖』。此石青嵐浮動，右方陽春聚暖，有子久所不能到者。背似有龍形。

刻曰：『董北苑《出蟄龍圖》，此仿佛似之，特少風雨耳。』若以此爲春，以《烏林雷雨圖》爲夏，《夕陽紅樹》爲秋，《小雪圖》爲冬，皆佳。

## 放翁團扇

團扇式。刻放翁詩云：『西風沙際矯輕鷗，落日橋邊繫釣舟。乞與畫工團扇本，青林紅樹一川秋。』

此石巧肖詩意，且有透明處。

## 日酣川靜

高不逾六寸。

下有坡山，上有隔岸。山皴法蒼老，頗似馬遠。中虛爲川，有紅日之色，故以王半山『日酣川靜』詩意題之。

## 丹砂峰［二］

高不逾七寸。

放筆勾一峰，右有小峰。凡筆所到皆朱砂紅色，此與『金碧沒骨山』色皆可備一格，罕于遇也。

稚川到處作仙家，金鼎煙光成絳霞。何日飛還到蒼洱，數峰全變作丹砂。

註釋：

［一］丹砂峰：吴榮光《石雲山人詩集》卷十九，《京堂集》『丙申丁酉』，有《和阮儀徵相國師小石屏詩》並有序：

道光癸巳二月，夢儀徵相國師至余湖南撫署，手一小緘見贈。啟緘則雙緋牙牌也。越月，師以雲貴總督入主禮闈。憶余由嘉慶己未進士出師門下，是歲吾弟林光成進士亦出師門，余行一，林光行七，恰符雙緋之數，以此夢驗矣。今年丙申，余改京堂時，師已入相。余甫進謁師，手一小緘遺余，宛然如前夢。開視則小石屏，屏止一峰，朱色爛然。師題詩云葛仙處處可移家藥白丹爐共鹿車。偶向點蒼山外過，一峰全變作朱砂。余和之云：夢先靈采到吾家，曾憶高軒一駐車。今日長安人漸老，感公分此好丹砂。

## 蒼松黄葉［一］

高八寸，寬七寸三分。

山巒遠近分四五層，並刻句：『遠嶺蒼松蕭寺，晚煙黄葉村莊。嶺外秋陰尚重，村前漸有斜陽。』

註釋：

［一］蒼松黄葉：此石刻題，亦見《揅經室續集·卷十一·甲午》之《對景題兩石屏》，見附録補輯。

## 浮嵐暖翠　鷓鴣天

横小方幅。高六寸，寬七寸半。

刻曰：『黄子久《浮嵐暖翠圖》何能如此。此幅活翠暖融，空嵐浮起，色澤鮮濕，氣韻沉酣，乃神品，非能品也。』

石背上有雨意，下有緑岸。刻曰：『鷓鴣天。用鄭谷「雨昏青草湖邊」詩意也。』又有小幅。寬六寸四分，高四寸六分。嵐翠色亦鮮湛。

畫家無此好峰巒，權作丹青一幀看。著手翠痕殊不冷，沾衣嵐氣未曾乾。
始知山裏神仙巧，應笑人間筆墨難。名跡漫題黄子久，苦吟還想鄭都官。

### 伊中丞詩

浮嵐暖翠色新鮮，此幅渾融近自然。還喜點蒼多變相，雨昏花落鷓鴣天。

## 仿巨然夏山深翠圖

方幅。徑七寸五分。

刻曰：『巨然此圖迫塞滿紙，蓊鬱幽深。此石得其意。』

以《鷓鴣天》之『浮嵐暖翠』爲春，以此爲夏，以横一尺之『黄葉村』爲秋，以快雪

晚明 黃花梨百寶嵌點蒼山石插屏

時晴之『雪林』爲冬。平列几硯間，那得不嘆爲神品。

## 春雲出岫

寬六寸半，高五寸二分。

刻曰：『唐人有此圖名。此石極似松雪，唐人遜其活也。』

## 夕陽連雨足

寬六寸四分，高六寸。

肖孟襄陽此句之意。又一石，方，徑七寸七分。

## 仿許道寧[二]秋山暮靄（一）

小幅。高五寸許。

極肖『秋』字、『暮』字、『靄』字之意，此爲妙品。石背則落日渾茫，晚煙更起，是又比暮靄之景遲數刻矣。刻『夕陽短景入蒼煙』七字，女蘿句也。句似不壽，今果然。

註釋：

［一］許道寧：北宋畫家。長安人。多寫林木、野水、秋江、雪景、寒林、漁浦等，有《秋江漁艇圖》《關山密雪圖》《秋山蕭寺圖》傳世。

校記：

（一）道光、光緒本皆刊爲『許道安』。

## 水如碧玉山如黛

高一尺二分，寬八寸半。

刻『水如碧玉山如黛』。此石以色澤鮮明勝。

## 烏雲紅日小方幅

小方幅。不逾五寸半。

下右方有紅色山，上有烏雲下垂之狀。背面則全是烏雲下垂，無紅山。

此石質甚白嫩，山紅亦鮮。燈照山透明，此小而佳者。

## 月中巖瀑

高八寸，寬六寸。

山色在有無間。上有峰頭，中有垂瀑一痕，皆似在夜月之間。刻其上曰：『高克恭有《夜山圖》，此其意歟？』集《詩品》銘之曰：『如月之曙，淡不可收。上有飛瀑，空碧悠悠。』背刻曰：『縹渺營丘水墨仙。』石背山痕較爲明顯，然遠山兩抹，亦似夜月。

## 湘煙蜀雪

方幅。高一尺二寸，寬一尺五寸。

上山下江，以『湘潭雲盡暮煙出，巴蜀雪消春水來』刻之肖此景。

## 摩詰青溪詩圖

方幅。不逾一尺七寸。

正面上有横山，山下有溪，溪中有石。溪向右上轉變爲流水，水痕向背轉去，石背則全是澄波澹蕩，無一山石矣。正面右下刻摩詰《青溪詩》肖之。背後復親題五字曰『清川澹如此』。背水（一）尤得『澹』字之意。迎光透明。

校記：

（一）光緒本闕『水』字。

## 春夜桃李園圖

小幅。高六寸五分，寬四寸。

下有花林，紅紫白雜色。上有淡綠山色一抹，皆具夜間煙月之景，真是妙品，特無人物耳。

倪瓚一生不畫人物，惟《獅子林圖》有之。

### 伊中丞詩

幾多桃李在公門，卻向天涯宴酒樽。佳在雅懷觴詠外，遠山微抹月黃昏。

## 冰池梅嶼

橫幅。寬九寸許，高六寸許。

正面下方爲池，微有冰痕。中有石嶼，嶼北又見冰池，其痕較顯。綠色石上頗多粉點，如遠梅，似大凝著色。石背則上有山根，根下全是冰紋，爲各石所無。較之正面，似有向陽向陰之別。

北池冰凍接南池，石嶼梅花開較遲。忽見嶼前春凍解，梅花也放向南枝。

# 仿劉松年[一]西湖春曉圖

高一尺半寸，寬八寸。

下方有山足，上方連左爲複嶼，右與中則空白爲湖。蒼山石多是中滿，此以中虛擅勝，且似有皴染筆跡可尋。其山足則吳山，上方則湖寺西南路也。點蒼石畫全是天巧，匠手偶得，遂臻神妙。即如此石之背，色澤紋理勝于正面，惟淩亂無畫家佈置之法，遂成廢稿矣。

註釋：

[一]劉松年：南宋孝宗、光宗、寧宗三朝宮廷畫家。錢塘人。因居于清波門，故有『劉清波』之號，清波門又有一名爲『暗門』，故其俗呼爲『暗門劉』。學李唐畫風，山水承董源、巨然，清麗嚴謹，著色妍麗典雅。

# 暖翠

高八寸，寬七寸。

中有山石嵌空玲瓏，其色深翠。四圍皆似黃紅色日光。摘『大凝』二字名之。

# 集詩畫册十二幅

皆小方幅。縱横皆不逾九寸。

刻詩畫句于上，各肖其景。

一　春山殘雪，仿黄鶴山樵。

二　仿劉松年《西湖春曉圖》。東坡詩云『呼吸湖光飲山淥』。

三　黄子久《浮嵐暖翠圖》陳醇尚病其瑣碎，此何病焉？

四　仿關仝《夏山欲雨圖》。

五　仿李成《夏山圖》。

六　荆浩善爲雲中山頂，四面峻厚。劉夢得《天壇遇雨詩》意。

七　仿黄大癡《溪山雨意圖》。

八　仿趙松雪[一]《蒼林疊嶂圖》。

九　仿范寬[三]《煙嵐秋曉圖》。

十　許道宁（二）有《秋山暮靄圖》。太白詩云：『不覺暮山碧，秋雲暗幾重。』

十一　仿李營丘水墨。東坡詩云：『縹渺營丘水墨仙，浮空出沒有無間。』此石照光透明。

十二　季冬日已長，山晚半天赤。照光極明。仿王洽。

註釋：

［一］趙松雪：趙孟頫，號松雪道人。

［二］范寬：又名中正，字中立。陝西華原人。北宋山水畫大家。初學李成，後隱居終南、太華，對景造意，寫山真骨，自成一家。其畫峰巒渾厚端莊，氣勢壯闊偉岸，令人有雄奇險峻之感。

校記：

（一）道光本、光緒本皆作『安』字。

## 仿王右丞江干雪意

高八寸半，寬一尺一寸。

下有江水波流，上有長岭积雪。右丞此圖名跡也，但余見偽者甚多，此亦偽欤？一笑。

## 雲泉漈［一］

高一尺七寸，寬一尺五寸。

上有綠石壁，壁上生雲，雲上掛泉，頗有垂繩濺珠之勢。刻『玉泉漈』三隸字。仿范中立［二］畫法也。

註釋：

［一］漈：岸邊。

［二］范中立：即范寬。

## 霜葉雲光

高六寸半，寬七寸。

刻曰：『霜葉珊瑚海，雲光玳瑁天。』仿宋院本。

## 春陽殘雪

方幅。不逾七寸。

中有綠山，山有白點，右有紅色日光。

## 劉松年仿北苑春山團扇

圓。徑八寸半。

左立主峰，右有數小峰。皴染點攢，著色春山如筆之所爲，其法則北苑也。又以南宋團扇，故以『劉暗門仿』題之。山外皆透明。

## 昆華雪氣圖

大長方幅。高二尺二寸，寬一尺九寸，巨材也。

余以半萬錢買此石，何能攜之而行？遂砌香雪齋東壁。刻其下方曰：

宜園多古梅，宜以『香雪』名其齋。梅花香時，亦常有雪，欲畫雪于壁，未能也。有蒼山仙人者，能畫雲霞雨雪山水諸景。余得此幅，同雲之間，列障兩層，白雪之氣勃然遠出，似方方壺[一]畫法，直取氣韻而已。遂嵌于齋之東壁，題爲《昆華雪氣圖》。古畫惟聞摩詰『江干雪意』，未聞『雪氣』。今曰『雪氣』，用李群玉詩意也。古人重壁畫，故貞觀諸公私畫史載屋壁四十七所。雖然，屋安能久嵌石于屋壁？壁若重新，石仍在也。

註釋：

［一］方方壺：方從義，字無隅，號方壺，又號不芒道人、金門羽客、鬼谷山人。貴溪人。元代畫家，擅長水墨雲水，所作大筆水墨雲山，蒼潤渾厚，富于變化，自成一格。工詩文，善古隸、章草。

## 仿洪谷子雲瀑

高七寸七分，寬四寸半。

主山直聳，雲瀑中垂。背刻：『初日開雲，翠巖垂瀑。』亦肖之。

## 秋山暮靄

高九寸，寬八寸。

林巒三層，有煙靄。上層有夕陽也。

## 雲泉聽瀑

團扇式。徑七寸三分。

右有雲巖，左垂長瀑。

## 鬱雲圖

高一尺，寬一尺五寸。

刻曰：『此幅全以雲勝，惟《文賦》所謂「鬱雲」者乃足當之。其鬱勃舒捲之狀，畫工不能也。』

伊中丞石。辛農尚有『海上蓬萊』『驚濤拍岸』諸佳石，未悉録。

## 仿古山水小册十六幅

仿古山水小册二册，各八幅。八直八横，皆以七寸半、四寸半爲度。就景題名，克肖詩畫，各能精妙。

八直幅：

一 翠峰霞影，仿小李將軍法。太白《廬山謠》『翠影紅霞映朝日』。

二 夕陽花塢，仿黄鶴山樵。杜彦之詩『花塢夕陽遲』。背面倒看，亦得『柳塘春水漫』之句。

三 湘煙漁曉，仿方方壺。柳柳州詩『煙銷日出不見人，欸乃一聲山水緑』。背面有日未出、煙未銷之意。

四 山紅澗碧，仿輞川著色。退之詩『山紅澗碧紛爛漫』。

五 天際烏雲，仿大米法。蔡君謨《夢中詩》：『天際烏雲含雨重，樓前紅日照山明。』背面青緑甚鮮而畫不入格，故不選。

六 夕山沉緑，仿鷗波設色。魚玄機詩『夕陽沉沉山更緑』。

翠峯霞影
仿小李將軍
太白廬山謡翠
影紅霞映朝
日

夕陽花塢
仿黄隺山樵
杜彦之詩花塢夕
陽遲　指紫陌柳塘 杏水淺之趣

湘烟漁曉
仿方方壺
柳州詩烟消日
出不見人欸乃一
聲山水緑　背向 叶有 日未出 烟未消 之之刻

山紅澗碧
仿輞川著色
退之詩山紅澗碧
仿烟[illegible]

天際烏雲　仿大米法
蔡君謨夢中詩云
際烏雲含雨重樓
前紅日照山明

夕山泼緑
仿鷗波設色
漁洋詩夕陽
泼泼山更緑

峯陰凝紫
仿高房山渲染
少陵詩紫閣峯
陰入渼陂

寒峯縹渺
仿營邱水墨
陸魯望詩左右皆
跳岑孤峯挺然起
因思縹渺稱乃在
虛無寰故坡公詩曰
縹渺營邱水墨仙
浮空出没有無間
迩来一变風流盡
誰見將軍著色山

峽雲鐵壁　一口
仿供谷子
少陵錢雲峽詩峽
形藏堂皇壁色立
積鐵

烟江疊嶂　二口
仿王晉卿卷之一段
晉卿和蘇詩晴雲
漠漠曉籠山 [illegible]
濃妻樓也

杉林茶塢　三口
仿范華原寄林法
皮鹿門茶塢詩九里
共杉林塢名也

石壁烟虹　四口
仿夏禹玉劈法
[illegible]詩不盡流烟

夏山含雨　五口
仿巨然
宋之問詩野含時雨
潤山雜夏雲多

雲深采藥　六口
仿梅花道人
賈浪仙詩秪在此山中
雲深不知處

翠微黄葉　七口
仿郭河陽
秋靖詩村落飄黄
葉人家濕翠微

雕峯立雪　八口
仿馬一角
東坡雪詩試掃北
臺看馬耳未隨
埋没有雙尖

七峰陰凝紫，仿高房山渲染。少陵詩『紫閣峰陰入渼陂』，亦兼取王子安『煙光凝而暮山紫』意也。

八寒峰縹渺，仿李營丘水墨。陸魯望詩：『左右皆跳岑，峰孤挺然起。因思縹渺稱，乃在虛無裏。』坡公詩曰：『縹渺營丘水墨仙，浮空出沒有無間。邇來一變風流盡，誰見將軍著色山。』

八橫幅：

一江梅春渡，仿黄子久著色。用粉點梅花。杜必簡詩『梅柳渡江春』。

二煙江疊嶂，仿王晉卿卷尾一段。晉卿和蘇詩『晴雲漠漠曉籠岫，碧嶂溶溶春接天』。背面倒看，更得煙江之趣。

三杉林茶焙，仿范華原[一]密林法。皮鹿門《茶焙》詩『九里共杉林』。杉林，焙名也。

四石壁煙虹，仿夏禹玉[二]劈法。張燕公詩『石壁淡煙虹』。背面則合『返照入江翻石壁』之景。

五窗納遙青，仿曹雲西[三]。孟東野詩『開窗納遙青，遙青新畫出』。

六雲深采藥，仿梅花道人[四]。賈浪仙詩『只在此山中，雲深不知處』。

七翠微黄葉，仿郭河陽。和靖詩『村落飄黄葉，人家濕翠微』。

八雙峰立雪，仿馬一角。東坡《雪》詩『試掃北臺看馬耳，未曾埋沒有雙尖』。

點蒼石畫畫者誰，神仙不以心爲師。模山範水仿古意，半出唐宋詩人詩。詩中妙景即畫本，唐宋元畫成派支。小李大米馬一角，房山鷗波黄大癡。水墨雖變金碧法，吳裝設色今方滋。研磨丹赭搗青緑，勻和粉墨調燕脂。石髓如泥任摶造，更如學杜得骨皮。神仙心力在于此，餘事付與人間爲。但見匠人割取怪石出，問以詩畫瞠不知。仙人得意輾然[五]笑，文章天成乃爾偶得之。煙銷日出柳州句，山紅澗碧昌黎辭。雙尖白雪埋馬耳，夕陽緑黛吟蛾眉。集此小册十六幅，宛然手筆新淋漓。石可共語索題句，幅幅幼婦韓陵碑。既爲輟耕特健藥，亦非宓機古絹絲。反惜古人不見此，收藏鑒賞今何遲。君不見洱海蒼山中有詩畫窟，一經拈出多神奇。我所不見更什百，拙工横割尤可悲。所以自古才人恨不遇，畢宏韋偃死猶發巧思。若使歐蘇選石如選士，世間佳器應無不遇時！

永叔蓄松石屏，令東坡賦詩曰：『我恐畢宏、韋偃死葬虢山下，骨可朽爛心難窮。神機巧思無所發，化爲煙霏淪石中。古來畫師非俗士，摹寫物象略與詩人同。願公作詩慰不遇，無使二子含憤泣幽宫。』

## 節相選定古山水石畫小册

楊淳[六] 浪穹[七]

我聞歐公蓄松石，子瞻賦詩紀其跡。能慰才人地下魂，畢宏韋偃亦不沒。節相今之歐陽公，選來佳石蒼山中。集成小册十六幅，詩情畫意交相融。

石生于山塊然物，那與詩畫相仿佛。開帙一望何新奇，五色成文射雙目。若者鮮研如胭脂，若者瀲碧如玻璃，若者青綠若丹赭，蒼黄金紫兼有之。更奇是入畫家譜，唐宋元人並資取。潑來水墨何瀟疏，設色吳妝更媚嫵。畫家妙境同詩家，兩相配合真不差。李杜韓柳集中句，參之是耶其非耶。物之奇者那有此，盡態極妍竟乃爾。鄭虔[八]崔白[九]即復生，筆墨之靈不至是。只是何人拈出來。

相國博物君子才，詩畫源流本精熟。智珠仁境懸靈臺，就景提名十六幅。果然一幅勝一幅，不經道破使人知。石中詩畫誰能識，昔日愛石有米君。呼之翁丈拜屈身，而今且作一轉語。人不拜石石拜人，石不能言當點頭。年年埋沒蒼山陬，何幸鑒賞得知己。勝于絹素長傳留，造化真精齊發泄。神工天巧光華揭，皴染山水蒸雲霞，洱海丹青嘆奇絶。

我在點蒼山下居，竟未見過此畫圖。多謝歐公費指點，獻詩慚愧東坡蘇。

**恭賦師相仿古山水畫石小册**

癸巳進士楊松磐浪穹

點蒼十九峰列環，中有石畫何斑斕。仙人作畫待真賞，故傳名跡留名山。畫本自昔稱唐宋，中原不與西南共。此石畫法當何年，馬夏荆關法兼用。年年春雪壓山阿，攜屐誰人攀碧蘿。樵夫牧豎不知貴，巧匠鑿出加磋磨。

蘇州網師園中的大理石掛屏

師相讀書通萬卷，名山石室窮搜遍。公餘亦喜賦登高，泰岱嵩恒遊汗漫。高吟萬里到點蒼，割取雲腴十六片。片片高山流水詩，胸中丘壑于斯見。或横或直隨山移，丹霞白雪何離奇。忽然又現畫仙貌，尺幅能使開鬚眉。配以古人各家筆，痕跡渾脱誰爲師。人人俱解石有畫，誰從畫裏還哦詩。昔石黑白無丹青，而今乃備五采屏。古云士爲知己用，石爲知己亦效靈。君不見，古今寒儒須得青雲附，名山亦要名人遇。蒼山少得唐宋詩，所以寂寞少典故。如今山中名繪滿，江湖應索世上名家詩萬句。

十一年選石作詩，忽有『選石如選士』之句。十三年入覲[十]，乃奉主試癸巳會試之命，但是科二三場卷皆未選，遠不及己未之能盡力也，有餘愧焉。孯經老人識。

註釋：

［一］范華原：范寬，華原人。

［二］夏禹玉：夏圭，字禹玉。

［三］曹雲西：曹知白，字又玄，號雲西。華亭人。元代畫家。好黄老之學。家有藏書數千卷，也喜蓄字畫。大德中薦爲昆山教諭，旋棄去。『隱居讀《易》，終日不出庭户』『與黄公望、張雨、楊維禎、倪瓚、王冕等皆有往來。博聞好古。作品沉靜清穆，筆致松秀疏朗，尤擅雪景寒林，爲元代文人畫巨擘，啟松江派先聲』。

［四］梅花道人：吴鎮，號梅花道人。

［五］囅然：笑的樣子。

［六］楊渟：洱源詩人。

［七］浪穹：今大理州洱源縣。

［八］鄭虔：字趨庭，又字若齊。河南滎陽人。唐朝文學家、書畫家。唐玄宗稱贊他詩書畫『三絶』。《唐朝名畫録》謂其『畫山多用墨色，樹枝老硬』。《封氏聞見記》云『鄭虔亦工山水，名亞于（王）維。』

［九］崔白：字子西。濠梁人。北宋花鳥畫家。畫工出身，六十多歲時受到宋神宗賞識，進入宫廷畫院。擅長畫花鳥，尤長于寫生，所畫鵝、蟬、雀堪稱三絶。他一改黄筌父子工緻富麗畫風，所畫沙汀蘆雁、秋冬蕭疏，淡遠荒寒，富有野趣。

［十］十三年入覲：道光十二年（一八三二）九月阮元接到上諭，著協辦大學士。同年十二月接硃批進京覲見。

［一一］癸巳會試：道光十三年（一八三二）三月初六，阮元奉上諭充會試副總裁。總裁爲内閣大學士曹振鏞。曹氏專伺人主意旨，衡文專在字體點畫、平仄詩韻上挑剔，不問文章工拙，與阮元取士標準大異。此次會試結果與己未科朱珪完全委託阮元閲卷選士不同，《清史稿》阮元本傳：『與大學士曹振鏞共事，意不合。元歉然，以前次得人之盛不可復繼。』如俞正燮素有名望。阮元主會試消息傳出，衆皆相賀，以爲必中。而阮元亦必欲得之，及放榜，不見其名，遍搜落卷，始覺爲曹振鏞故意束置高閣，力薦未果，阮元深以爲憾。

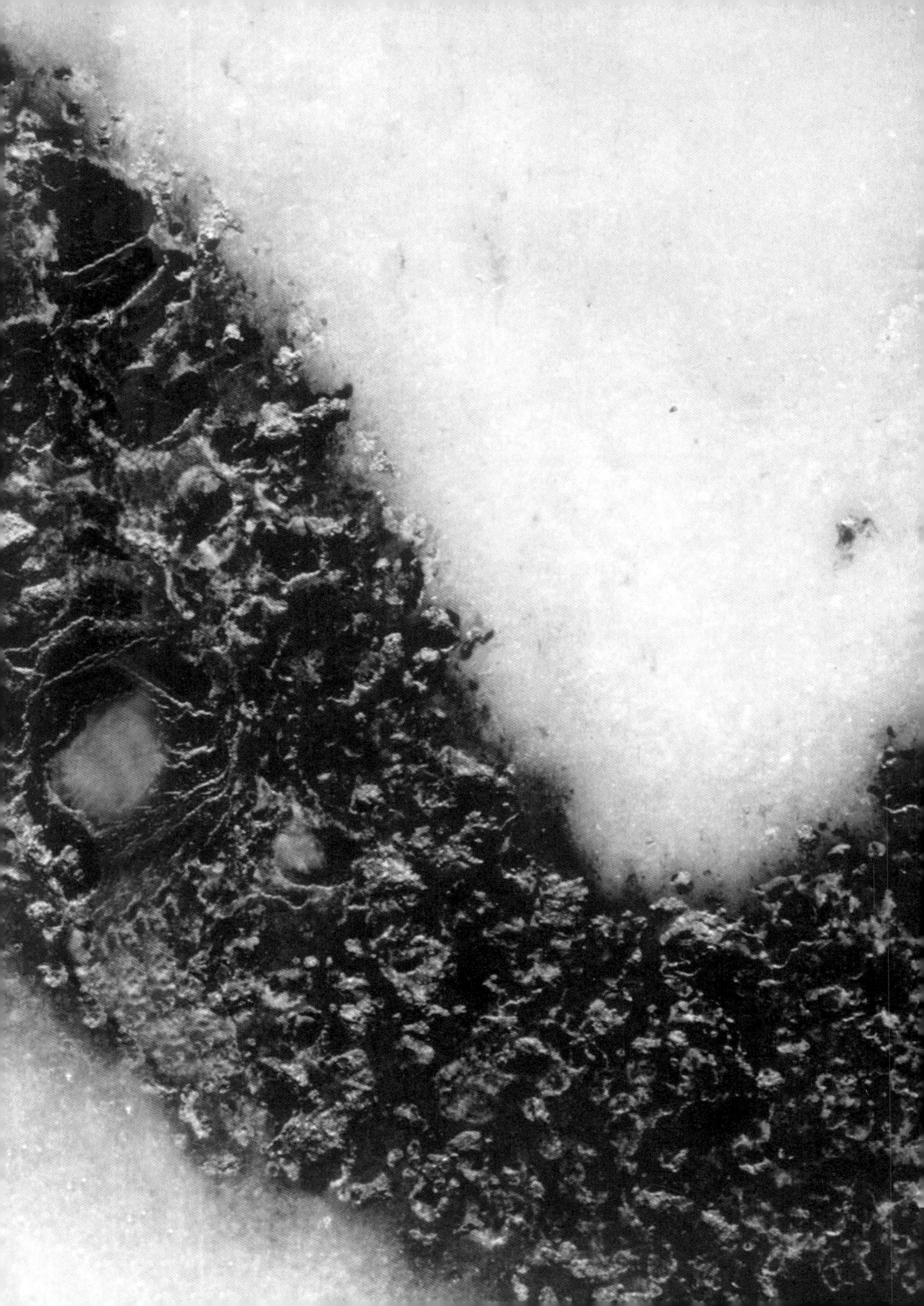

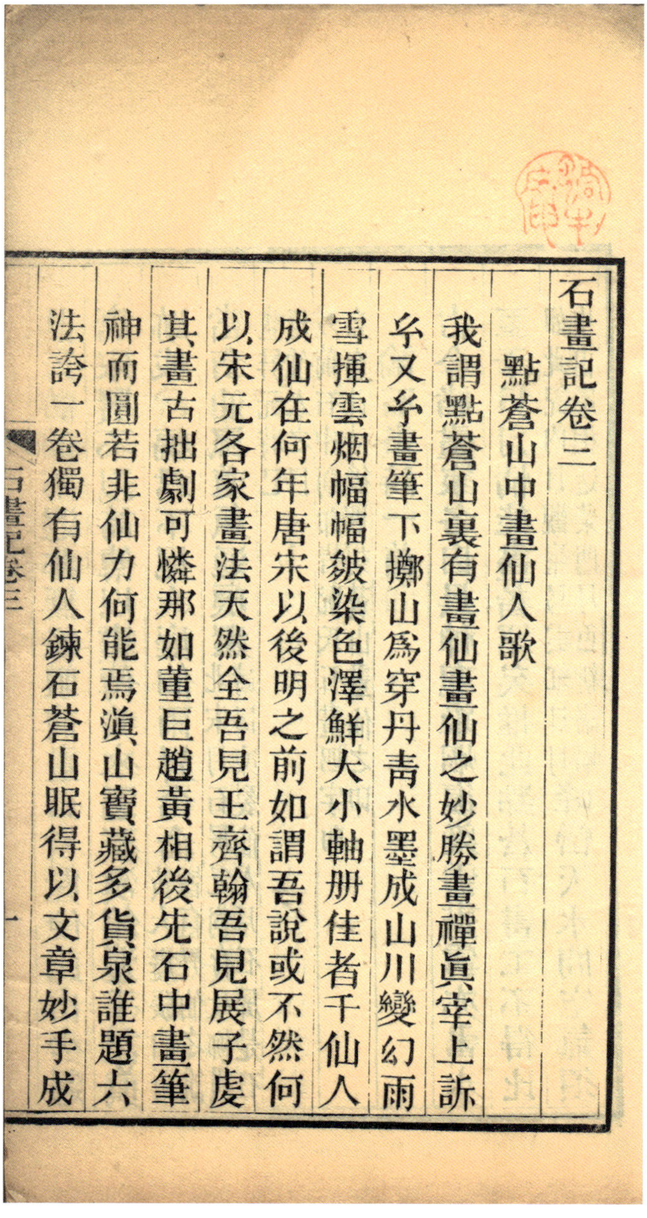
石畫記卷三

點蒼山中畫仙人歌

我謂點蒼山裏有畫仙畫仙之妙勝畫禪眞宰上訴乎又乎畫筆下擲山爲穿丹青水墨成山川變幻雨雪揮雲烟幅幅皴染色澤鮮大小軸册佳者千仙人成仙在何年唐宋以後明之前如謂吾說或不然何以宋元各家畫法天然全吾見王齊翰吾見展子虔其畫古拙劇可憐那如董巨趙黃相後先石中畫筆神而圓若非仙力何能焉滇山寶藏多貨泉誰題六法誇一卷獨有仙人鍊石蒼山眠得以文章妙手成

石畫記卷三　一

《石畫記》卷三書影

# 石畫記卷三

## 點蒼山中畫仙人歌

我謂點蒼山裏有畫仙，畫仙之妙勝畫禪。真宰上訴玄又玄，畫筆下擲山爲穿。丹青水墨成山川，變幻雨雪揮雲煙。幅幅皴染色澤鮮，大小軸册佳者千。仙人成仙在何年？唐宋以後明之前。如謂吾説或不然，何以宋元各家畫法天然全？吾見王齊翰，吾見展子虔，其畫古拙劇可憐，那如董、巨、趙、黄相後先。石中畫筆神而圓，若非仙力何能焉。滇山寶藏多貨泉，誰題六法誇一卷。

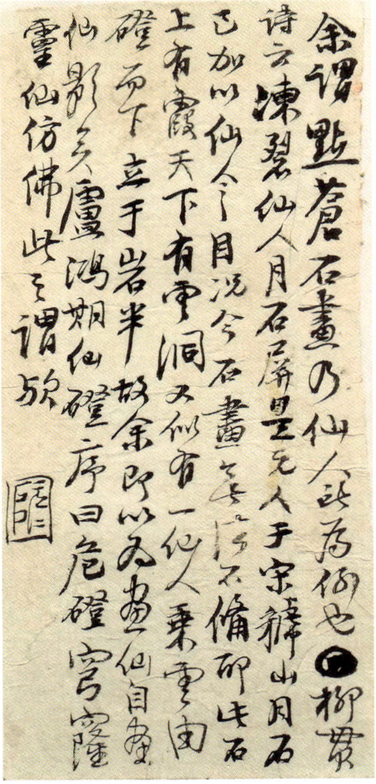

《石畫記》稿本

獨有仙人煉石蒼山眠，得以文章妙手成其天。訪仙不遇非無緣，眼前畫石皆偓佺。此山少遇唐宋賢，不以詩傳以畫傳。我來選石滇館邊，手記真跡成一編。君不見，大癡伯雨昇仙仙，黃大癡、張伯雨皆有昇仙之說。當有仙風道氣通琅嬛。北宋月石屏，元尚存，故柳貫詩曰：『凍裂仙人月石屏。』是石畫屏元時已有仙人之目。以前石中刻印，皆『阮氏石畫』四字印。自有此詩後，刻『蒼山畫仙』之印。

## 論石畫詩一首

古今諸畫家，各自具神理。染煙復染雲，畫雪亦畫水。至于日月情，能畫者罕矣。惟此點蒼石，畫工不得比。如此記内『日觀峰』『烏雲紅日』『月中山影』『相送柴門月色新』諸幅。峰巒天水間，空氣須遠視。即使遠可視，無跡誰能指。滃然似渲漬，渲漬難到此。脱化有真神，渾融成妙旨。記中此等極多。若畫沒骨山，門徑從此啟。宋元虛妙處，唐人已難擬。此畫更妙虛，元著超超耳。始嘆仙人石，壓卻絹〔一〕與紙。

校記：

〔一〕光緒本作『捐』。

# 仿李成寒鴉圖即六一居士鴉石屏

高九寸，寬一尺一寸半。

石質如淡墨色。上有橫山，深綠色。下左似有老枯樹，群鴉飛棲不定。《畫譜》載李成《寒鴉圖》，久稱名跡，乃石畫亦有此景。歐陽永叔見虢山石屏頗多，而鴉石屏居其一。歐公詩曰：『晨光入林衆鳥驚，腷膊〔一〕群飛鴉亂鳴。穿林四散投空去，黄口巢中飢待哺。雌者下啄雄高盤，雄雌相呼飛復還。』今余此石屏亦似仿營丘之畫，六一詩又似爲此屏而題，豈今蒼山之鴉石屏，即歐公之鴉石屏耶？

我慕集古六一翁，鑒賞石畫諸屏風。已〔二〕屬東坡吟石松，更自題出鴉盤空。
營丘寒鴉圖最好，虢山仙人得其稿。何年畫入石屏中，故遺歐陽以爲寶。
今時復遇蒼山仙，山木寒鴉釀雪天。恨不得獻歐公前，泥公再與詩一篇。
《金石跋》《牡丹記》，古人玩物各有志。我題蒼山百石屏，詩畫情深亦佳事。
更吟山月石屏詩，世有歐蘇知此意。

## 又寫景一絶

臘時欲雪不成雪，寒色將開猶未開。冬山慘澹果如睡，應被寒鴉喚醒來。

註釋：

［一］腷膊：形容連續起伏的聲音。

校記：

（一）：道光本作『以』。

## 四更山吐月

高七寸半，寬六寸八分。

兩山左高右低，中空處有夜色，似山非山，似雲非雲。最上處淡雲籠彎月，月白雲青，非青雲不能襯出白月，所奇在彎而向上。今以『四更山吐月』題之者，此月非弦非眉，恰是廿五六初出山之月。杜少陵詩『四更』二字定月之形。此畫恰寫杜句之意，真仙品矣。

北宋有號山月石屏，歐陽永叔、梅聖俞、蘇子美皆有詩。蘇子瞻又以月石研屏、涵星硯贈范純甫，亦唱和有詩。《東坡志林》又曰：『月石屏真者必平，然多不圓（一）。圓而平者難得。』梅詩曰：『予觀二人作詩論月石，月在天上，石在山下，安得石上有月跡。』吳學士詩曰：『其中白色圓如規，又有樹與烏，畫手雖妙何能爲？』觀各詩意，知其畫月景矣。

兩山揖主客，讓立虛其中。煙雲不分明，夜色寒滿空。

夢醒看山影，有月生于東。不知夜何其，但見彎月弓。
擬弦則未滿，比眉乃又豐。若是三更夜，當與弦相同。
若是五更盡，眉將細朦朧。四更山吐月，杜老句恰工。
何以蒼山仙，畫與杜句通。暗然尺幅裏，赭墨情渾融。
清輝出峰上，稍有輕雲籠。月石必有詩，雅意思醉翁。
古今師友間，誰復如坡公。還思星硯側，月石雙屏風。

校記：

〔一〕光緒本作『員』字。

## 肖明四家四時山水册

四幅。同高五寸四分，寬八寸三分。

一沈石田《綠岫春松》。二唐六如[一]《雷峰送雨》。三仇十洲[二]《碧山黃葉》。四文衡山[三]《雪嶺同雲》。

各鐫一詩，以夏、秋二幅爲尤勝。

攻玉山房舊藏
大理石掛屏

## 綠岫春松

晴嵐染綠三兩峰，雪消春暖森青松。松林遠岫休細畫，點漬但取松陰濃。春松華茂子建賦，比之冬嶺殊不同。舊遊岱北靈巖中，蒼山老筆石田翁。

## 雷峰送雨

黑雲壓山不知午，雲脚直垂瀉龍雨。無聲詩裏嬰兒聲，失箸誰同阿瞞語。推車送雨千峰晴，花如百和薫香女。舊遊夏日山連楚，石上丹青唐伯虎。

## 碧山黃葉

山巔塗翠翠欲流，霜林夕照明山陬。村前黃葉似何處，横冶山色惟揚州。點蒼文石幻若此，尺幅畫出江南秋。扁舟一棹憶舊遊，可有壺廬印十洲。十洲每用壺廬小印。

## 雪嶺同雲

夜來雪滿金庭洞，曉色沉沉陰尚重。山頭雪氣寒更高，山外同雲凝不動。韻曾有去聲。雪人峰有太古雪，此石豈非雪所凍。舊遊我作剡溪夢，畫成應屬文徵仲。

註釋：

［一］唐六如：唐寅，字伯虎，改字子畏，號六如居士、桃花庵主、魯國唐生、逃禪仙吏等。

明代書畫家。早年隨沈周、周臣學畫，宗法李唐、劉松年，融會南北畫派，筆墨細秀，色彩艷麗清雅，與沈周、文徵明、仇英並稱『吴門四家』，又稱『明四家』。

［二］仇十洲：仇英，字實父，號十洲。原籍太倉，後移居吴縣。明代畫家，擅畫人物，尤長仕女，既工設色，又善水墨、白描。

［三］文衡山：文璧，字徵明，更字徵仲，號衡山。長洲人。吴門畫派代表人物，嘉靖初曾爲翰林待詔。耄耋之年尤日抄《千字文》，精神矍鑠，人望之如神仙中人。

## 天際烏雲

小幅。高四寸半，寬七寸半。

下有赭綠山，山頭似有樓樹。又皆有紅色日光，隨日陰晴忽濃忽淡。其天際烏雲，有下垂欲雨之勢。畫跡渾融，神妙氣靜，絶似米元暉爲小幅之最佳者。

張蘭坡摹刻蘇帖云：『天際烏雲含雨重，樓前紅日照山明。此君謨夢中詩也。』又刻『阮氏夢詩書畫石』七字印，又刻『蒼山畫仙仿小米畫法』九字印。

## 小圓二幅

皆徑六寸七分。

一刻『半潭秋水一房山』。一刻『一丘一壑，自謂過之』。

## 下巖雷雨

方幅。縱横皆一尺一寸餘。

上半，峰嶺分明，且似有登嶺之路。下半，則皆黑雲如墨。刻曰：『劉夢得《天壇遇雨詩》：「疾行穿雨過，卻立視雲背。白日照其上，風雷走于内。」蘇東坡《天目山俯視雷雨詩》：「山頭只作嬰兒看，無限人間失箸人。」此石兼畫二詩之意。』

## 天台雁蕩

二石。一高一尺一寸半，寬八寸三分。

綠色横山，有石橋跨于二山之間，奔流出其下。故刻曰『天台石梁』。

一高一尺一寸，寬八寸。

赭色山峰雄峻。左有一峰如柱。故刻曰『雁蕩天柱峰』。此石左透明。

## 彩雲

高六寸半，寬四寸半。

下有峰巒，上有五色雲，備黄紅緑青諸色，惟欠雅韻，故不入上選。然色極鮮異，爲石中所罕見，可備一格。

## 洪谷子

高九寸八分，寬八寸八分。

上有峰嶺嵯峨可見。中下則皆煙雲遮護，且有舒捲自如之意。刻曰：『洪谷子畫，每于雲上出山，山更雄峻。此幅用其法。』背畫呆俗不入選。

## 肖宋四家畫

肖宋畫四幅。同高六寸半，寬五寸八分。

皆峰巒蒼秀，色澤鮮明，備翠緑黄赤諸色，而佈置亦皆合法。一肖王晉卿，一肖范中立，一肖夏禹玉，一肖馬一角。各鐫『琅嬛館』款。又刻『蒼山畫仙』四字印。明人每剪裁宋畫卷軸之殘破者成小幅爲集錦册，雖無款印，而一丘一壑，斷非元人所能爲。項子京、梁蕉林家藏最多。康熙間，安儀周家亦有善畫館客爲之裁集，而雜以團扇，故皆精妙。吾于各石亦有剪裁仿其意云。

又各鐫十六字銘：

高峰聳翠，綠雲初開。似有殘雪，或有遠梅。仿王晉卿。

下有雲壑，上有松陰。浮嵐漠漠，空翠沉沉。仿范中立。

駁壁流丹，翠巖掃黛。黄綠煙霞，雜爲玳瑁。仿夏禹玉。

白雲翠石，同岑異苔。雲光斜破，日色半來。仿馬一角。

## 碧雞金馬

圓石。徑尺許。

青質黑章。右有馬形，左有雞形，甚肖。予于滇石雅不喜肖獅馬魚鳥者，以此石嵌宜園馬王廟西墻。劉默園觀察肇紳到楚告之陳雲伯，雲伯以詩來，是不可不補記之也。

**碧雞金馬石屏歌，默園言琅嬛仙館有此石屏，因作此詩**　陳文述

金精神馬縹碧雞，蜀雲凝睇峨眉西。金馬麒麟碧雞鳳，漢德無疆天闕貢。君不見：
寶雞出，鳳之翼。得雄者王得雌霸，嬴得兒孫六王畢。
天馬來，龍之媒，渥窪水上風雲開，君馬價重黄金臺。
金馬金，碧雞碧，洞簫才人招不得，飛出點蒼山下石，來向琅嬛伴仙客。

## 仿沈石田

高三寸半，寬六寸八分。

刻『仿沈石田』。寄與季蘭齋。

## 秋荷水影

高三寸半，寬六寸八分。

照光透明，如水上枯破荷葉。

## 殘雲疏雨

三巨石。皆高二尺三寸，寬一尺八寸。

兩石各肖一句之景，白質黑章。太華方而中條橫，有殘雲疏雨。

## 天台應真圖

巨幅，高二尺七寸，寬二尺。

有綠色山在雲間。右方有一羅漢像，遠視更明。天台山賦曰：『應真飛錫而躡虛。』此石與『竹林青眼』小像，同送藏太華山太華寺。

雨後晴雲如擘絮，綠嶺青巖半流露。山下飛流衆壑深，山上霞標破雲霧。
翠屏忽見應真來，不識三幡在何處。

## 寒雨連江

高四寸半，寬六寸。

刻『寒雨連江夜入吳，平明送客楚山孤。仿王洽』十七字，克肖其景，且真宋畫，非元畫。

## 煙霞谷

高五寸，寬六寸。

刻『煙霞谷仿子久』六字。

誰能畫此好煙霞，山上青林谷口花。應是大癡成道去，洞天深處作仙家。

## 浮嵐暖翠、天際烏雲兩面石畫屏

高七寸，寬九寸。

正面，翠色山壁掩映于煙霞，此《浮嵐暖翠圖》也。此圖著色之鮮，直須松雪，叔明、子久尚不能如此。翻轉背面，忽變爲上半烏雲，下半綠山。山左有晴日之色。再刻蘇蔡《天際烏雲帖》于上方，並刻『阮氏夢詩畫石印』。

君謨夢去詩仍在，流入坡仙長卷内。有詩有帖卻無圖，紅日烏雲誰敢繪。
黃河山樵畫翠嵐，酷似鷗波染螺黛。餘情更畫山之背，雨重山明雲靉靆。
縑楮收藏認宋元，可憐過眼皆雲煙。不知一片蒼山石，畫夢還傳幾百年。

## 綠藏書屋樹團雲

高九寸八分，寬八寸。

點蒼石似山者多，似樹者少。此幅上有綠樹交柯，下有雲氣。

## 驟雨圖

高八寸八分，寬九寸七分。

正面有山一角，左右皆有雨脚直注。刻曰：『山谷詩云：「便當閉門學水墨，灑作江南驟雨圖。」』背面皆是雲雨，無山。刻曰：『東坡詩「前山後山雨浪浪」，此山後雨也。』

## 綠岸春潮

高七寸，寬一尺四寸。

刻『綠岸春潮』四字。

背面岸小而潮大，刻『潮來白浪捲青沙，坡公句也。蒼山畫仙畫之』。以此爲春，以『下巖雷雨』爲夏，以『仿燕文貴』爲秋，以『玉峰積雪』爲冬，皆神品。

潮頭疊疊白痕齊，水滿東風岸影低。野渡無人春草綠，此間應有鷓鴣啼。

## 煙消日出

高九寸，寬一尺二寸半。

刻：『「煙消日出不見人，欸乃一聲山水綠。」煙山之上有紅色之光，故于「日出」二字尤爲得之。』

背刻：『煙江疊嶂。蒼山仙人仿王晉卿。』

## 銀竹

高七寸，寬八寸。

正面，只下方少有綠色露出，山足其上皆雲雨，且白雨直痕如銀竹。李太白詩所謂『白雨映寒山，森森似銀竹』也。刻詩前半首曰：『衆峰如屏失其綠，不見山頭見山足。眼前雲雨不分明，驚看森森萬銀竹。』背面，則衆峰新黛如洗，惟一高峰紅色甚鮮。峰外仍有殘雲雨脚、落日輕霞之景。刻後半首詩曰：『晴開始見山重重，石屏洗出綠更濃。霞光漸收雨脚短，落日倒射丹砂峰。』

## 梅花道人水墨雲山

高一尺九寸半，寬一尺四寸半。

刻云：『此幅山壁蒼莽，雲煙活潑，酷似吴仲圭得意之筆。』此石極精，乃神品。

此石極精，乃神品。

## 秋山蕭寺

高一尺二寸半，寬一尺六寸。

刻云：『石畫中少有林屋。惟此右方有山寺樓塔之景，罕見之仙畫也。』

背刻『思入風雲變幻中』。

## 青山缺處日初上

高一尺四寸，寬一尺六分。

左右皆峰嶺嵯峨，中間凹缺處獨見紅色。余題曰：『青山缺處日初上，放翁句也。』

以上三石，皆蘭坡所珍藏。

## 彩雲錦浪研屏

高六寸半，寬四寸。

似雲似水，自右而左，五色鮮明。

硯側屏開五色酣，錦江浪外彩雲南。兩層黃氣分虹霓，三級紅濤接蔚藍。

長史蓮池多滌水，畫家翠壁有晴嵐。仙人不著丹青跡，小李將軍尚未諳。

## 一峰挺秀

高七寸半，寬八寸三分。

刻：『一峰挺秀，放筆直披，此巨然中年傑作也。』又刻『蒼山畫仙』印。背刻：『迎燈兩面〔一〕照之，則山外雨勢沛然。』

校記：

〔一〕光緒本作『南』字。

## 融峰午曜

高九寸七分，寬七寸四分。

峰頭空處多紅色，迎光照之則赤氣駭人，是昔登衡嶽祝融峰日午之景也。刻『瑯嬛燈研屏』。夏景雨最多，惟此有赤日之色。

## 鐵峰月色

高八寸，寬七寸。

高低二峰黑如漆，峰尖之右有淡白一彎，如初月隱現煙中。及迎燈照之，則有山月照人之色矣。

色如積鐵夕陰濃，此景思量何處逢。曾是軒轅連太室，一痕初月少姨峰。

## 翠嶺煙霞

圓幅。徑六寸半。

刻『翠嶺煙霞』四字。照之透明。

## 秋林暮靄

高五寸二分，寬六寸。

黝綠中雜淡綠，參差扶疏。刻『秋林暮靄』四隸字，款云『蒼山畫仙仿宋人法』。

此幅是林不是山，是暮靄不是陰雲。

## 王半山詩意

高九寸半，寬八寸。

下有青色川流，川外岸，岸外原，原外綠林，林外淡綠遠山。燈照，林外皆透明。刻：『川

攻玉山房舊藏
大理石插屏

原一片綠交加，深樹冥冥不見花。風日有情無處著，初回光景到桑麻。王半山七絶直接唐人，兩宋無匹。此用叔明法畫其詩意。前兩句一望而知，後二句非燈照不見其妙也。蒼山畫仙製。』『琅嬛』小印。

## 丹崖青壁

寬一尺，高五寸弱。

宛然一幅手卷。其山，則横亘竟幅，山上渥丹，山下蒨青。左上有煙霞之色。《晉書》宋纖有遠操，太守馬岌造焉，拒而不見。岌銘詩石壁曰：『丹崖千丈，青壁萬尋。室邇人遠，實勞我心。』今即用此事刻此十六字于丹崖青壁之間。

## 雨中春樹

高九寸八分，寬九寸。

刻『蒼山畫仙用大米法』，加『琅嬛清玩』印。畫亦佳妙，是春樹，不是春山。

## 幽谷春陰

高八寸六分，寬八寸。

刻『蒼山畫仙用房山法』，加『琅嬛清玩』印。畫亦佳妙。

## 郭河陽春山澹冶秋山明淨二幅

春山。正方，七寸半。秋山。高八寸六分，寬八寸八分。皆肖其景，刻『畫仙』印。二石質地皆甚白，透明。

## 春山無伴

高一尺一寸三分，寬一尺二寸半。

山林三疊，煙雲迷繞。右有寒雲，左有日色。

刻杜工部詩：『春山無伴獨相求，伐木丁丁山更幽。澗道餘寒歷冰雪，石門斜日到林丘。不貪夜識金銀氣，遠害朝看麋鹿遊。乘興杳然迷出處，對君疑是泛虛舟。』蒼山畫仙畫老杜詩意。加『琅嬛』印。

## 冰池圖

高一尺五分，寬八寸七分。

中有綠嶼，白點似殘雪。嶼前非雲非水，不謂之冰不可。

春陽紅影上冰池，冰泮山南魚已知。昨夜山池春雨小，岑苔回綠雪消時。

## 夕陽流水

團扇式。

山左有夕陽，山下有流水。寄與廣州學海堂學長吳學博蘭修。

蘭修銘之曰：『夕陽在山，流水今日，對此寫經，虛室生白。』

## 桂嶺圖

高九寸半，寬九寸。

中峰正立，旁有巒坡。嶺面嶺脊皆有林木，而脊木疏高，是桂不是松。

張蘭坡摹《聖教序》『桂生高嶺雲露方得泫其花』十一字于上方，旁刻『蒼山畫仙仿燕文貴』款。

畫法古茂，真宋筆也。

## 小有天

高六寸，寬八寸。

正面，上有淡青雲天，刻『小有天』。下有綠色山洞，刻『仇池穴』。用杜工部『萬古仇池穴，潛通小有天』句也。石背則綠山迤邐。昔坡公過揚州，獲仇池石，綠色岡巒迤邐，穴達于背。有句曰『一點空明是何處，老人真欲住仇池』。予獲此石，頗合杜蘇詩意，且蘇石無『天』，此石迎光照之，有達背空明之處而洞上有天，故以『天』爲名。坡公之石得自揚州，余今獲蒼山石，藏于揚州。惜坡公未見也。

仇池穴通小有天，老人欲住知何年。王屋萬古第一洞，揚州海石綠一卷。仇池石，坡公或稱爲海石。

綠岡迤邐穴達背，穴則達矣天何邊。那如此石兩面畫，杜詩蘇序摹其全。

蔚藍天色淡且遠，空明洞影虛而圓。晉卿倘見不可奪，坡公護之應更憐。

坡石詵畫成雲煙，兼之惟有蒼山仙。仙人福地通洱滇，峨嵋綠掃詩兩篇。

白雲洞天那得眠，我且緘石歸琅嬛。

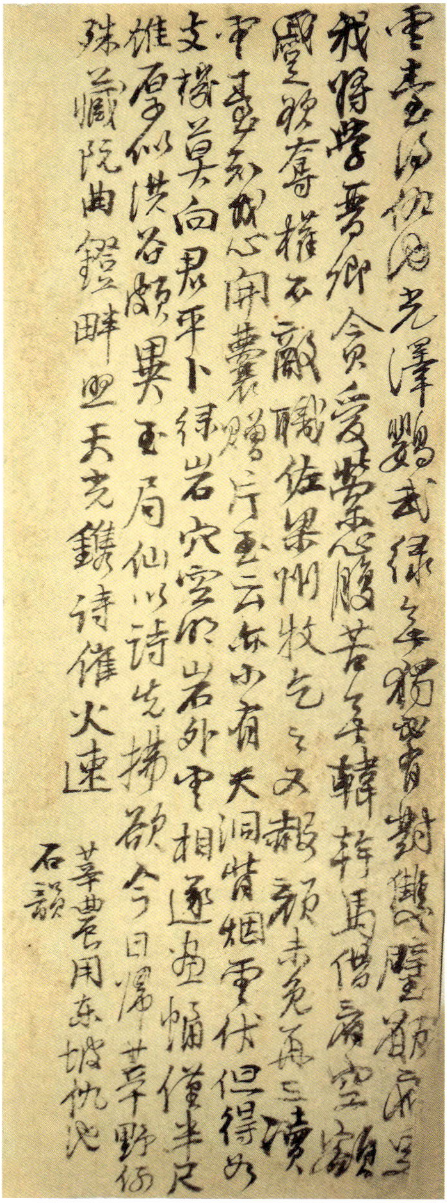

《石畫記》稿本

## 小仇池穴

方。不逾五寸。

正面，黝綠色山，似洪谷子而有一白穴。若照光，則穴與山外皆明如卵色天。背有雲氣。

伊莘農見我『小有天』，意欲之，而愧無韓幹之馬。我懲于東坡之拂晉卿也，遂以此石歸之。

莘農用蘇公韻報我以詩：

芸臺得穴石，光澤鸜鵒綠。無獨必有對，雙璧願應足。

我將學晉卿，貪愛縈心腹。苦無韓幹馬，借看空頳甓。

欲奪權不敵，職佐梁州牧。乞之又赧顔，未免再三瀆。
雲臺知我心，開囊贈片玉。云亦小有天，洞背煙雲伏。
但得如支機，莫向君平卜。綠巖穴空明，巖外雲相逐。
畫幅僅半尺，沉厚似洪谷。頗異玉局仙，以詩先拂欲。
今日歸莘野，何殊藏阮曲。燈下照天光，鐫詩催火速。

## 朝陽桐影 小山桂影

上圓。徑五寸二分。透明，多紅黄色，甚薄。下方。徑四寸八分。透明，極白亦輕。皆有山木扶疏之影，而方者似水墨畫，妙品也。

## 臘雪朝曦

高六寸半，寬七寸半。

一面上有雲氣，下有微雪白點。刻『臘雪強飛才到地』。一面黝色山岡，下多紅色。刻『朝曦迎客艷重岡』。皆坡公句也。

## 桂巖轉月

高四寸半，寬三寸二分。

此石下有綠山，林木上有微雲，露圓月之象。月如棋子大，白色，半明半暗。暗者微雲籠之，奇妙之至，豈號山月石之比耶？此石爲賣石人跌缺，蘭坡買而裁之甚小，且手琢之，反以小而爲研屏極宜。予亦有『桂巖月色』，方不逾四寸。燈照極明，畫看亦有山桂之意，特無圓月。

日夕浮雲深，待月猶未得。清風生桂巖，雲淡月轉側。
遲遲吐圓輝，娟娟弄涼色。誰憑蒼山仙，畫此研屏幅。鏡轉桂巖之月，唐人名句也。

## 翠岑黃葉

小方。徑四寸。

翠色鮮明。照之有斜陽之色，小而精妙。

## 會稽山

高五寸，寬六寸三分。

橫嶺深綠，雲霞青紅。刻『顧愷之云：「會稽山草木蒙籠，雲興霞蔚。」』

## 山氣日夕佳

高六寸，寬五寸四分。

山峰聳翠，有煙霞直出之氣。

## 湖山曲

高四寸三分，寬五寸六分。

正面綠色湖山，山有坳曲，水紋隨之而曲。刻坡公句曰：『吳儂生長湖山曲，呼吸湖光飲山淥。』背刻：『寒雨連江夜入吳，平明送客楚山孤。此石于「曲」字、「呼吸」字、「光」字、「連」字、「平明」字、「孤」字皆有神理，洵能品也。』

## 微雨好風

高五寸，寬六寸三分。

橫山帶雲氣雨勢，自左而右刻陶句『微雨從東來，好風與之俱』。背則全是煙雨，刻『子規聲裏雨如煙』。皆肖之。

大理石插屏

## 水流雲在

高一尺，寬七寸八分。

中橫綠山，下有流水。山外雲頭起而不動，于『在』字尤切。

## 集宋詩句

高六寸，寬六寸弱。

兩面山水。一面：『北山輸綠漲橫陂，春到人間草木知。一水護田將綠繞，東風吹水綠差差。』一面：『風淡日斜江上路，溪深樹密無人處。遠山重疊翠成堆，知是何人舊詩句。』各肖其景。

## 浮空積翠

高六寸半，寬五寸八分。

正面刻：『浮空積翠如雲煙，頗似王晉卿煙江疊嶂。』背刻：『斷岸蒼蘚對立久，頗似浯溪。』

## 東山清曉

高七寸半，寬九寸二分。

橫山密林，林外夾澗，全是白煙橫抹。煙外松嶺，嶺外天影，照之甚明。

東山清曉野雲歸，萬木蒼然點翠微。夾澗不知流水過，英英惟見白煙飛。

## 摹北苑晴峰圖

高六寸三分，寬七寸四分。

設色，畫近巒遠峰三四層。主峰中立，遠峰縹渺，近峰丹赭。遠峰之外霞光襯天。夜以燈照，則群峰畢現。竊嫌二李將軍青綠太重，北苑用其法而變之，恰到佳處。

此石雖尺幅而畫法畢備，右上方刻：『蒼山畫仙，董北苑晴峰圖，乃北苑名跡也。』

## 林屋洞天

高三寸八分，寬五寸半。

正面，綠色山嶺甚鮮，層層皴染，山脊多礬頭。左下有空白洞，故刻：『蒼山畫仙，仿大癡畫林屋洞天。』背則綠山在下，其上則皆碧色之水。刻曰：『此則洞庭包山石穴外莫釐峰西太湖萬頃也。』

## 淡雲籠月照梨花

高五寸，寬四寸。

下半綠色，雲樹多白點，模糊如夜。上有青色淡雲，雲中有圓月半露，雖不及『桂巖轉月』之明顯，然酷肖東坡此句詩意。另裁落一石較此稍大，但有山頭梨花而無圓月，用宋詞『關山有月，梨花滿地』刻之。

## 天台石梁圖

高九寸，寬一尺二分。

有石梁自右而左，橫空如虹，其色翠綠相雜。梁下煙水空濛。

刻曰：『天台石梁在上方廣寺。余曾夜宿其上，朝暮觀之。大溪至梁激落，水成白煙，再下始見奔瀑。此乃能畫其意也。』

## 蒼山畫仙畫輞川詩意

高一尺七分，寬一尺二寸。

正面，下有空林煙火之色，再上則爲水田，再上橫岡密林，林外白雲，雲外遠山，山外天光透明。刻輞川詩『積雨空林煙火遲，蒸藜炊黍餉東菑。漠漠水田飛白鷺，陰陰夏木囀黃鸝』全律，款『蒼山畫仙，畫輞川積雨詩意，即用其畫法』。石背，山岡略如正面，而下多白煙。上有天雲，雲中漏出紅色日脚數條，故題一律刻之：

遠松排翠嶺，暗水護藍田。日脚掛金瀑，雲頭鋪玉煙。
似攜輞川去，高隱點蒼邊。詩裏維摩詰，今爲石畫仙。

## 畫石洞天

高六寸七分，寬八寸。

中有黝綠石巖，巖前有白圓洞。巖後則圓光如虹，照之透明。

仙人棲蒼巖，誰能問其歲。洞口石爲扉，悄然帶雲閉。
上有丹青光，如虹罩清霽。妙畫通靈飛，破緘落人世。
識出宋與唐，其年始可計。

## 綠樹陰濃夏日長小研屏

高二寸三分，寬五寸七分。

正面，有大樹濃陰，後有遠林淡綠。右上雲氣紅紫色，真夏日也。背則刻『冬嶺秀孤松』，頗肖之，有寒色矣。

## 溪聲

高一尺，寬九寸。

上有横山低林，林下雲，雲下溪，溪有一節直塹，水如直落，必有聲也。是謂『繪水繪聲』。

## 鷗波圖

正方。一尺。

上有淡綠色平山，向右拖染三層。左上似有遠山爲雲所雜。下以淡青色畫煙水，且有起伏空濛之意。有三白鷗，二鷗泛泛于水，一鷗矯翼而飛，是松雪設色畫法。此石背綠色鮮濃，惟淩亂不合畫法。益嘆其合畫法者具有仙力矣。

蒼山畫法宋人多，可奈吳興清遠何。細仿趙鷗波設色，爲他淡淡寫鷗波。

## 輞川圖

圓幅。徑尺二寸。

著下一層爲小坡陀，刻『茱萸沜』；又上爲淺水，刻『欹湖』；又上爲横亘黝色長岡，刻『華子岡』；又上爲白水，横如之，刻『輞川』；又上爲緑色，横爲長林，右刻『柳浪』，左刻『竹裏館』。迎光照之，則林外極明。背刻『辛夷館』。

## 仿房山林屋洞天

高五寸半，寬一尺一寸三分。

布置與前『小林屋洞天』相仿，而畫法則是房山不是大癡。左上有斜陽繁林紅色。畫意極靜，因賦一律刻于面，可見其妙。背刻『莫厘峰外，太湖萬頃也』。

此石刻既成，偶撿白香山詩《太湖石》一律云：『煙翠三秋色，波濤萬古痕。削成青玉片，截斷白雲根。風氣通巖穴，苔文護洞門。三峰俱體小，應是華山孫。』遂亦刻于此背，白詩于此石尤切。

包山洞口白雲封，洞外青雲色更濃。紅照夕陽千樹桔，唐時洞庭采貢桔，太守親往，詩舫、歌船最盛。翠堆高嶺萬株松。

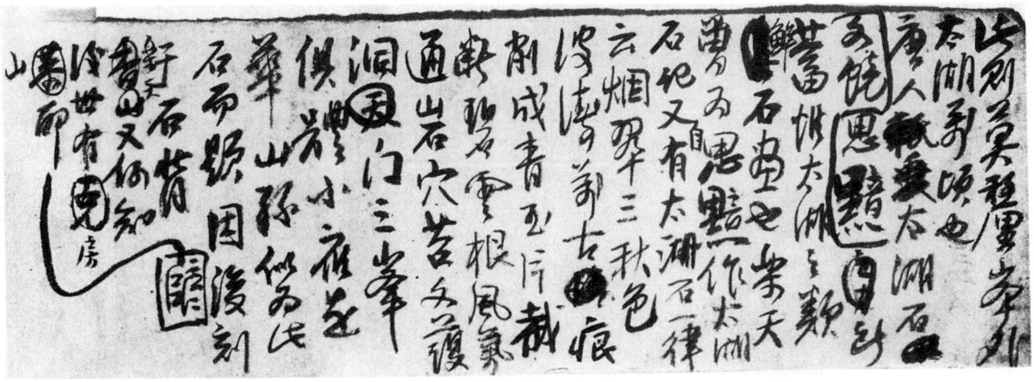

小屏已見題公望，橫幅還教擬克恭。奇絶蒼山畫仙筆，似曾到過莫釐峰。

## 彩巒倒影

高七寸，寬八寸七分。

畫色有金碧之妙，是唐人著色畫。題以一律，前四句刻于面，後四句刻于背，各足以狀之：

夕嶺照金紅，青嵐翠壁空。雲泉有仙氣，丹碧非人工。
亂水轉山背，清陂回嶺東。不期紅翠色，倒入綠波中。

## 洗硯池墨梅

高一尺弱，寬八寸二分。

上下山水皆如水墨畫成，而崖岸多白點如梅花。凡石有白點者，其畫多綠色，獨此如淡墨色，而又不同白質黑章者之如漆，真嘆化工之巧無所不有。上刻『我家洗硯池邊樹，朵朵花開淡墨痕。不要人誇顏色好，只留清氣滿乾坤』一絶。此絶天瓶居士畫墨梅常題之。

此石乃仰微王氏所藏。

## 仿元微之石硯屏

高五寸半，寬七寸。

石畫不知起于何時。元微之《石硯屏詩》曰：『磷磷石屏上，濃淡樹枝分。』[一]此石屏有畫之始歟？然不知唐何石也。此石有濃淡樹林，故以擬微之之屏。此石背如秋深殘荷葉覆影于水。刻曰：『張曲江《法池寺贊》曰：「如折槁荷磨文石，脈理灑颯，非人力所致也。」』

註釋：

〔一〕磷磷石屏上，濃淡樹枝分：元稹詩全集未見此句。爲北宋梅堯臣《廣陵歐陽永叔贈寒林石硯屏》。

## 崖谷風泉

高一尺四寸，寬一尺。

上有翠色山巒，下有雲泉亂出。故以王簡棲《頭陀寺碑》『崖谷共清，風泉相渙』八字刻之。背倒看有兩層，叢石激溜，折疊下注。刻曰：『盧鴻《雲錦淙序》曰：「激溜衝攢，傾石叢倚。鳴湍疊濯，噴若雷雨。」』賣石者云，石翠色有陽翠，有陰翠。此山頭爲陽翠，最鮮明。

## 野雲低度水

高二尺五分，寬一尺五寸半。

肖杜此句，故題刻之。

## 萬松疊雲仿營丘水墨

高八寸三分，寬九寸。

無他色，全是水墨。分爲五層，松雲相間，確是宋畫。題詩可見其妙。

萬松疊嶂雲淡濃，尺幅萬樹何能容。畫仙水墨極工細，以墨一點爲一松。

幾層雲氣幾層嶺，雲松相間分五重。丹青洗淨法出宋，寒林欲雪圖成冬。寒林、雪景，李成皆有此圖。我來讀畫認山色，頗似瀾滄江外峰。

## 翠岑霜樹

正方。八寸。

上有綠色三峰，峰上有淡遠山一層，峰下皆雲，雲中有蒼黃林。薄刻曰：『仿石田，孔厚[一]藏之。』

註釋：

［一］孔厚：阮孔厚（一八〇五—一八六二）。號魯卿，阮元子，母孔夫人。行四。國學生，道光元年（一八二一）一品蔭生。娶妻兵部尚書彭啟豐曾孫女、刑部侍郎彭希濂女。

## 雲霞出海

高七寸，寬八寸二分。

正面橫山一抹。山外皆紅色如日初曙，有雲霞成海。山内外又有白點如遠梅，此已靜妙矣。背後則又合王半山『日酣川靜野雲高』句意。川水安流，水上有日光浮動。岸山之外，又有青雲高舉。真仙品。有透光處。

## 仿六一居士松石屏

圓。徑一尺一寸半。

白石透明，面有黑色山石，石上一松扶疏偃蹇，以詩狀之。背無樹，惟上半有斜飛淡痕，以燈照之，則樹影透背如月中樹。以集唐四句狀之。

### 蒼山畫仙仿六一居士令坡公賦詩之松石屏

六一金石聚所好，更有石屏畫松肖。潁湖喜得門生來，酒畔一詩同笑傲。

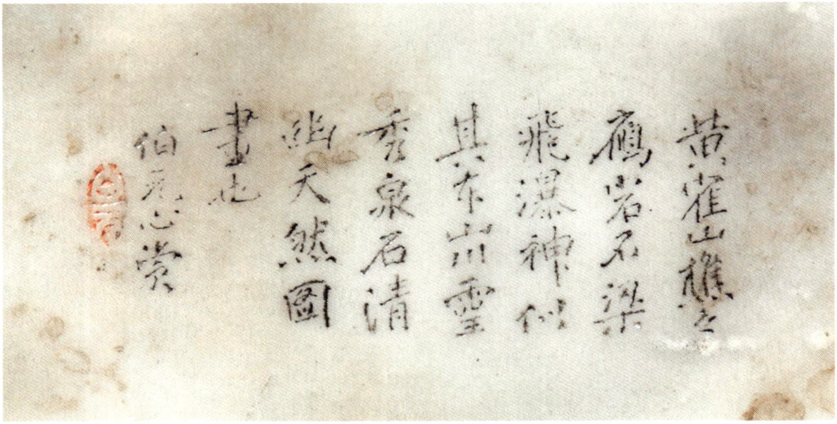


阮元款大理石屏

黄雀山樵之鷹岩，石梁飛瀑，神似其本。山川靈秀，泉石清幽，天然圖畫也。伯元心赏

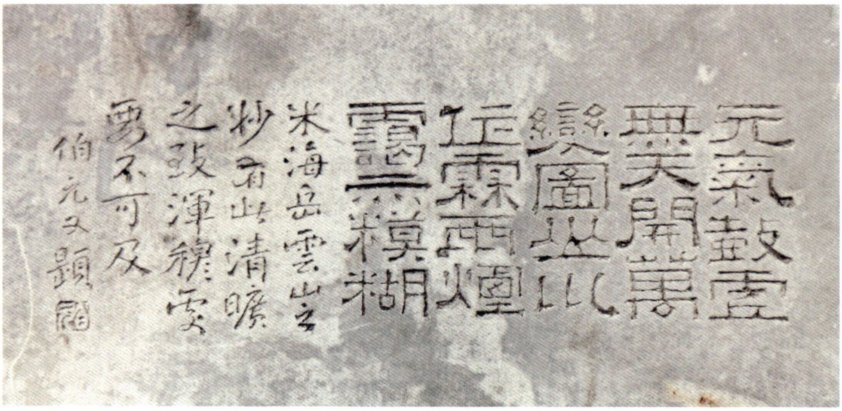

阮元款大理石屏

元氣鼓虛無，天開萬變圖。山川作霖雨，煙靄亦模糊。

米海岳雲山之妙，有此清曠之致，渾穆處要不可及。

伯元又題

蒼山畫仙非畢韋，石裏寫松亦神妙。苔身擁腫枝離奇，筆禿墨濃故折拗。
晚來閑坐隔燈光，松間明月來相照。

**月樹燈屏集唐**

天晴遥見月中樹，陶雍 應是仙人金掌露。韓偓
銀燭秋光冷畫屏，杜牧之露腳斜飛濕寒兔。李長吉

## 仿荆浩、關仝

高一尺一寸，寬一尺。
正面題『仿荆浩』。背面題『仿關仝』。復以二詩狀之：
山背烏雲垂雨腳，山腰白氣起雲頭。中間綠嶺何能見，應是吾登讀畫樓。正
壑底雲煙山頂晴，亂泉如練遠無聲。若非身在東山頂，那見殘陽嶺外明。背

## 飛帛雲

小圓幅。徑七寸強。
上有横山，山半有白雲如用筆作飛帛，折疊十數次，向右而去。轉背又十餘折疊，又似

西域梵字。此石無氣韻可賞，特紋理奇幻。若如宋人格物，則此理此物，何能格耶？刻銘四句曰：『山峰凝碧，山雲曳白。雲隨風折，如寫飛帛。』

## 烏雲紅日

高五寸，橫六寸六分。

一面烏雲下壓而下有紅日，一面紅日照山而上有烏雲，于『明』字、『重』字刻畫尤爲懇切。縮摹蘇帖，刻『琅嬛清賞』印。

## 金屑巖 二石

綠石，有銅星。解之爲二石，成兩山頭矣。

二石同寬九寸六分。一高六寸七分，一高四寸七分。刻曰：『蒼山石畫皆五金之氣，此石金屑燿燿可見。』大者供入礦神廟。

## 流霞

高一尺，寬八寸三分。

山外霞彩斜流。背刻曰：『王子安文云：「紺宇晨融，若對流霞之闕。」』

## 仿宋人夜山圖

高七寸半，寬五寸八分。

面有兩三峰，餘皆虛淡，若在夜月中。燈照瑩白如月色。

## 翠巖殘雪

小圓。徑四寸七分。

下半翠山，山外有雪影。

## 金碧潭

高七寸半，寬六寸三分。

色澤鮮艷，仙品也。刻曰：『金碧潭，《盧鴻十志》所謂「水潔石鮮，光涵金碧」。』

## 唐宋句

高五寸，寬六寸半。

正面刻『春山無伴獨相求』，杜句。背刻『不覺青林沒晚潮』。蘇句。皆肖之。

## 枕煙幕翠

高七寸，寬七寸半。

《盧鴻十志》有『枕煙庭幕翠庭』。此石則有煙有翠也。

## 蒼巔殘雪

圓。徑六寸三分。

刻『蒼巔殘雪，仿馬遠』七字。

## 半潭秋水一房山

圓。徑六寸三分。肖此句。背有波浪，亦佳。

## 西塞風雨

高一尺四分，寬一尺一寸。

橫山上下，皆有風雨之勢。刻：『西塞風雨，東坡題。晉卿畫有此圖。此石仿之。』背具夜雪初晴、曙光初上之景，此景蒼山屢見之。

## 柳塘花塢

團扇式。徑七寸。

肖『柳塘春水漫，花塢夕陽遲』，故刻之。

## 山色空濛雨亦奇

小圓幅。徑六寸。

刻蘇句，綠色可愛。

## 山坳殘雪

小圓。徑五寸七分。

畫頗精，詩一絶肖之曰：『翠石疊幾層，清流去三折。溪上已春煙，山坳尚殘雪。』

## 魁星像

方。徑七寸。

中有一像，如今世所畫之魁星。鼻突目坳，長其頦，頭立雙毛角。右臂西撫，左臂東指，兩足蹬踢。有雲氣一縷，自東上而下轉于西，圜托之，真神肖也。

付與第七孫恩來[一]書室供奉。

註釋：

[一]恩來：阮恩來（一八二七—一八八三），號瑞臣。阮孔厚長子，阮元孫，行七。邑庠生，由勞績保儘先選用縣丞，加五品銜，誥授奉政大夫。歷任寶應釐捐局、泰興釐捐局、沙頭釐捐局、長江柴捐局。

## 蒼山畫仙小影

高七寸半，寬六寸三分。

蒼色山巖，小影長不及寸。刻石背曰：

大理石插屏

余謂點蒼石畫乃仙人所爲，何也？柳貫詩云『凍裂仙人月石屏』，是元人于宋號山月石已加以仙人之目，況今畫石無法不備耶。此石上有霞天，下有雲洞，又似有一仙人乘雲由磴而下，立于巖半。故余即以爲畫仙自畫仙影矣。盧鴻《期仙磴序》曰『危磴穹窿，靈仙仿佛』，此之謂歟？

## 圓幅山水二

皆徑六寸。

一則巖壑甚密，雲樹相雜。刻『仿范華原』。迎光照之，山外透明。一則山分兩層，山林蒼潤。刻『仿梅道人』。迎光照之，山林透明。

## 暝色

小幅。方四寸許。

綠色山，有暮色而山外微襯夕陽。刻謝康樂句曰：『林壑斂暝色，雲霞收夕霏。』

## 東山曙色

小幅。方不足四寸。

兩重山林，外有曙色。

## 月中桂影

圓。徑四寸許。

平視則有模糊綠色山林，迎光照之則極明矣。

## 截摹獅子林

圓。徑九寸，

方立一石，似截取倪迂《獅林》一段摹其筆。

## 煙光凝而暮山紫

高六寸半，寬六寸。

下有煙光，上有三峰，皆紫色。右峰外有紅色夕陽。刻：『仿王晉卿著色。山紫色可愛，山光透明，真妙品也。』

## 夕陽山色

高六寸半，寬六寸。

下有暮靄，靄右上一山蒼赭色，上左又一遠山黃綠色。右上有夕陽紅色，斜射于兩山之間。皴法似夏禹玉。是宋畫，非元畫，真能品也。

## 霜林遠岫

高八寸半，寬八寸。

下橫一層爲紅色山林，又上一層爲綠色山林。最上遠山，色在蒼紫之間，如畫家大鈎起伏，由左而右，未用拖筆。此山外又有夕陽之色。刻：『仿子昂著色平遠山意，是元畫非宋畫，真妙品也。』

## 他山寒林

方幅。高一尺五寸半，寬一尺八寸。

唐僧無悶有《寒林石屏詩》曰：『草堂無物伴身閑，惟有屏風枕簟間。本向他山求得石，卻從石上認他山。』觀此可知唐有石畫，但不知爲何山之石。閑僧尚可得之，不必平泉之力也。此石屏兩層山巒，又似尚有遠林雪色，可擬唐屏。和韻一絶，且欲遇便寄贈焦山長老。借庵[一]

石屏山色認清閑，雪影霏微遠樹間。采得千年無悶句，寫成一幅巨然山。

註釋：

[一]借庵：釋清恒（一七六七—一八四七或稍後），浙江海寧人。陳家子弟，家世華貴。于鎮江定慧寺披剃。字巨超，號借庵。與袁枚、趙翼、洪亮吉、阮元來往甚密。阮元置焦山書藏，委其掌管簿録，詩名甚盛，著有《借庵詩鈔》《借庵遺稿》。

## 柏生兩石間

巨幅。高二尺，寬二尺四寸。

近來余少買巨石，爲其難攜。此幅劇佳，必須買矣。

左下有二石，石上有二柏，只見樹之下半及石間之根，其枝葉則倒垂于右之上。水墨雜赭綠以爲畫筆，甚蒼秀，似吳仲圭。其背則群峰攢列，雄厚如著色之關仝。然此種山勢，蒼山石中常有之，尚非大奇。故予以柏石爲正面，且巧合韓、蘇、陳詩畫意，真可謂驚心動魄矣。坡公題陳季常家藏《柏石圖詩》曰：『柏生兩石間，天命本如此。韓退之詩曰：『柏生兩石間，百歲終不大。』又曰：『移柏就平地，十丈不難至。』雖云生之艱，與石相終始。韓子俯仰人，但愛平地美。土膏雜糞壤，成壞幾何耳。君看此槎枒，豈有可移理。蒼龍轉玉骨，黑虎抱金柅。畫師亦可人，使我毛髮起。當年落筆意，正欲譏韓子。』

余既刻蘇詩于石，復題句刻之，若使韓蘇見此巨製，那得不嘆奇絶。

退之憫柏樹，夾生兩石間。子瞻識天命，不以生爲艱。
遂于陳家圖，謂其能譏韓。可知季常畫，亦是柏石攢。
我昔吟蘇詩，更想古人畫。畫已成雲煙，惟詩永不壞。
安得有好手，再繪詩成話。
蒼山畫仙天上來，一幅爲我丹青開。下方先寫二巨石，筆入石縫使柏栽。
黑虎嘯風偃枝葉，青龍下走生根荄。魄力欲與柏石拗，餘情更點石上苔。
畫仙擲筆笑叱石，世間識爾須雲臺。

## 仿郭河陽春山澹冶

高八寸八分，寬一尺一寸七分。

右有横山，下有煙靄。左下有平林，皴染融而無跡，著色鮮而不濃，確是春山，確是澹冶。羚羊掛角，無跡可求，尚嫌王叔明多皴痕也。

## 蘇堤春曉

方。徑八寸半。

空處皆湖，中有堤一道。迎光照之，更得春曉之意。

## 斜陽

方。徑八寸。

一嶺中立，而上有斜射雲日之色。

## 仿宋人團扇

徑八寸半。

峰巒三四層，是宋人法。

## 春陽殘雪

徑八寸，團扇式。

上半綠山，山甚鮮而多白點。下有冰泮春陽之色。

## 山抹微雲

高七寸，寬六寸半。

兩層山，山半橫雲一抹。余久欲得宋詞此句之石，今始遇之。

此石與祜兒。[一]

註釋：

[一]祜兒：阮祜（一八〇四—一八七〇），字受卿，一字叔錫。生母爲阮元側室劉文如。出生以所居受祜堂爲康熙帝御書匾，即以命名。國學生，光祿寺署正銜刑部郎中，曾官潼川知府，署四川永寧道，二品封典，賞戴花翎。

## 初月殘陽

高八寸，寬七寸半。

刻曰：『初月殘陽交弄影，雲臺先生句也。』

蘭坡小印。畫與詩合，照光更宜。

## 灘聲

方。徑一尺。

中有石脊，上下皆急流之水，必有聲也。

## 彩峰翠樾

方。徑一尺八寸半。

自左半大鈎凹而向右，爲一層緑山。山上小樹雜以雲氣，雲氣之上又一層雲山，山凹則長林濃翠，似有蕭寺藏于其中。再上則又有一層雲山，引而左上，立成主峰。兼備黄赤青赭諸色。

刻曰：『彩峰翠樾，蒼山畫仙仿小李將軍著色。』

劇佳之石。

## 阮相國以彩峰翠樾石屏見贈賦謝　秦恩復[一]

霹靂下瞰走列缺，子規夜叫山谷裂。石爲髓兮雲爲漿，倚天壁立神鬼設。
奚啻八萬四千戶，七寶裝成互明滅。坡坨層見樹槎枒，濛濛霧暗如浴鐵。
忽然浮嵐横空來，琉璃一片如積雪。光芒四射炫青黄，恍惚星流與電掣。
千變萬化人力窮，山靈偷奪天工泄。竊疑昔日李將軍，金碧雖工遜秀傑。
萬里移來世所稀，拍手狂呼詫奇絶。自慚老懶不出門，如蠶縛箔鼠蹲穴。
撫此煙巒奮壯遊，腰腳縱軟心猶熱。緬想蒼山老畫仙，定聳吟肩飛玉屑。

註釋：

[一]秦恩復：秦恩復（一七六〇—一八四三）字近光、澹生，號敦夫，晚號狷翁。江蘇江都人。乾隆五十二年（一七八七）進士，官編修，詞壇名家。居小盤谷，家有竹石之勝，好讀古書，蓄書萬卷。阮元曾邀請他到杭州，寓居湖上，每見話舊。主講詁經精舍、樂儀書院，受聘校《全唐文》。有《享帚詞》等。

## 和靖孤山圖

高一尺五寸，寬二尺。

内外皆是湖水，中横一綠色山，湖唇岸足清顯有似孤山。

陳如冬《和靖孤山圖》

刻曰：『蒼山畫仙爲和靖先生畫孤山圖。』背則一片皆水波瀠漾之紋，而其中雜以橫斜之白痕。故刻曰『疏影橫斜水清淺』。此石貽林中丞[一]。

註釋：

[一]林中丞：林則徐（一七八五—一八五〇），字元撫，又號少穆、石麟。清代政治家，文學家。曾任湖光總督、陝甘總督、雲貴總督。于廣州厲禁鴉片，虎門銷煙。林則徐有《謝芸臺制軍大理石啟》。

## 石中石

團扇式。徑一尺。

中畫石一拳，如太湖石。色綠而石邊透明，且有淡黃之色。

白石磷磷似團扇，石中又畫石拳然。拳然見《檀弓》。苔痕綠是鐫題處，月影黃如醒酒天。

此日可宜分甲品，他年應不說平泉[一]。雲煙過眼皆如此，惟見香山記一篇。樂天爲奇章[二]作《太湖石記》，奇章之石分甲乙品，皆鐫『牛氏石』三字，不亞平泉。乃不但『醒酒』[三]失傳，即『牛氏石』亦不見一拳，而樂天一記至今傳之，終是文章久耳。癸巳冬加識。

註釋：

［一］平泉：李德裕，字文饒。趙郡人。宰相李吉甫之子。唐代政治家。穆宗時與牛僧孺、李宗閔政見不合，發展成爲黨爭。在洛陽建平泉山莊，搜羅天下珍木怪石，『遠方之人，多以異物奉之』。

［二］奇章：牛僧孺，字思黯。安定鶉觚人。唐代大臣。唐太和中，牛僧儒爲相，封奇章公。性好奇石，白居易曾爲之撰寫《太湖石記》。

［三］醒酒：李德裕于平泉别墅，采天下珍木怪石爲園池之玩。有醒酒石，德裕尤所寶惜，醉即踞之。

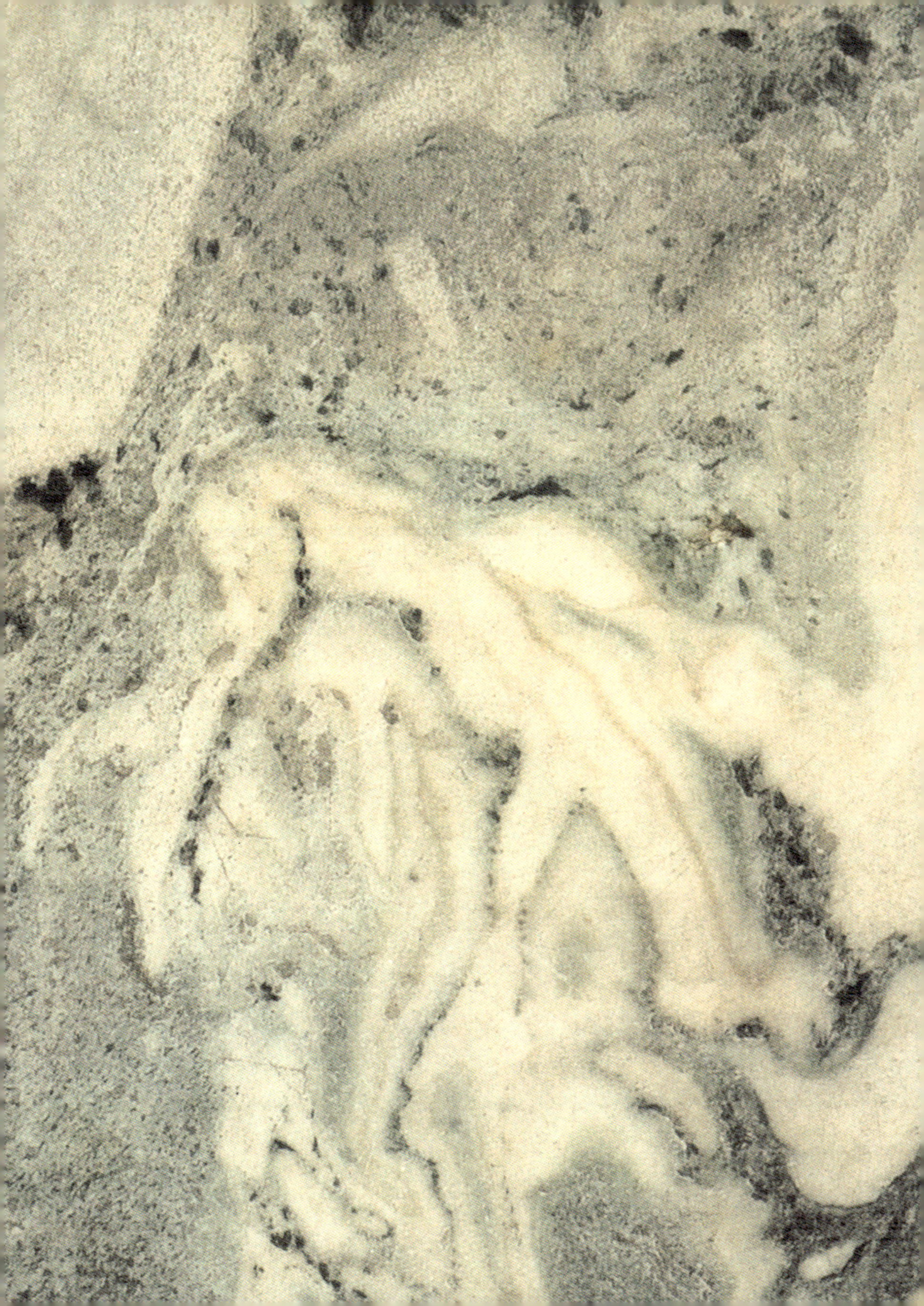

石畫記卷四

祜於癸巳秋隨　嚴親到滇甲午稍暇時張蘭坡
世兄家琴士兄磨刻佳石甚多　嚴親檢新舊石
畫之未記者命祜記之如左

點蒼山畫仙象

高八寸四分寬七寸五分點蒼山石具四代畫法百種
色澤故余謂非仙人不能誰料竟得此石石中有一老
人遠望則面長多鬚外彎或似右睨近視則成仰面左
側彎石之象手挟白石似作畫者兩目炯然有黑白睛
有口鼻髯不長而白髮遮右耳頭有軟巾垂於背身胖



《石畫記》卷四書影

# 石畫記卷四

祜于癸巳秋隨嚴親到滇。甲午稍暇時，張蘭坡世兄、家琴士兄磨刻佳石甚多。嚴親檢新舊石畫之未記者，命祜記之如左。

## 點蒼山畫仙象

高八寸四分，寬七寸五分。

點蒼山石具四代畫法，百種色澤。故余謂非仙人不能，誰料竟得此石。石中有一老人，遠望則面長多鬚，外嚮或似右睨；近視則成仰面左側嚮石之象。手抉白石，似作畫者。兩目炯然，有黑白睛，有口鼻，鬍不長而白髮遮右耳，頭有軟巾垂于背。身胖而衣深皆綠色，膝以下在青雲中。手色白，手之下似有丁甲小神欹肩抵石，兩靴及後衣甚明晰。其後又似有鬼神者二，故寶藏之以志幸。

### 題蒼山畫仙人石畫像

仙之人兮多如麻，誰知點蒼山裏有畫家。人間山水畫不盡，並畫雨雪煙雲霞。更將片石自畫像，吾忽得此詫且嗟。仙人雙目睛炯炯，體胖衣博如袈裟。

手抉石髓似白玉，丹青六法相紛拏。能役甲丁使出力，束縛魑魅皆無邪。石後負肩一力士，宛然靴袴兼鞞靫[一]。又有一神摭掌立，頂上冠似青蓮花。最後小鬼具手眼，似亦助力非揄揶。此乃仙人現身處，豈爭董巨荊關誇。若非神巧能造物，安得煉五色石如皇媧！

## 蒼山畫仙歌　陳文述

點蒼石畫誰所爲，應有畫仙石中住。畫仙者誰吾不知，但覺深情托毫素。我師愛石尤愛畫，妙繪品題不知數。書來問我古仙人，謂我學仙得仙趣。我思靈氣在天地，于物于人因所遇。靈氣在石石即靈，亦似人身氣凝聚。韓蘇何以工爲文，楊馬何因工作賦。鍾王何故妙真書，李杜何緣善長句。只此七竅之心十指之手，性靈不竭靈源注。神之所居心即靈，人人具足無來去。三唐畫手數荊關，兩晉畫家推陸顧。靈心所結不相沿，何論山川與雲樹。我雖學仙苦未成，坎離屢被丹經誤。不識詩仙況畫仙，身世蒼然墮雲霧。石中聞有兩仙人，師有畫仙、雪仙兩石。石不能言誰與訴。華陽靈跡有香壇，墨鸞妙舞秋垂露。霞閣星堂爇瓣香，仙翁或者知其故。

## 後蒼山畫仙歌

月亦可修星可種，雲篆玉章森大洞。山中石畫妙無窮，疑有仙人爲此弄。

仙人如麻不盡識，即論畫家人亦衆。我思天上有文昌，桂宮玉局才名重。
豈無畫院待名家，派衍元明溯（一）唐宋。畫家多壽亦近仙，精靈或向天門羾。
虞山之黃大癡吳山冷啟敬〔二〕，多少名流相伯仲。王孫畫馬帝子鷹，留與文房作清供。
妙香國裏降真靈，有用不如無用用。我師愛畫尤愛石，石畫記成人所誦。
問我畫仙我不知，未徹仙源猶夢夢。會當禦氣叩天閶，紫清煙語翻雲棟。
封題再寄雪仙人，遙天遠記長風送。不然吹笛寄黃鶴，否亦銜（二）書勞彩鳳。
宜園花發碧雞臺，更撫鉛松談禹貢。

註釋：

〔一〕鞞靫：盛箭器。

〔二〕冷啟敬：冷謙，字啟敬，或曰起敬，道號龍陽子。元末明初道士。錢塘人，或曰嘉興人、武陵人。《無聲詩史》：『至元間……君乃棄釋業儒，遊于霅川，與趙子昂遊四明衛王府，睹唐李將軍畫，忽發胸臆效之，不月餘，山水、人物悉臻其妙……由此以丹青名于時。』

校記：

（一）光緒本『溯』作『泝』字。

（二）道光本『銜』作『啣』字，皆通『銜』。

# 彩瀛仙府 閬水花峰

高一尺六寸半，寬一尺五寸半。

正面，下半爲海水波瀾，自然老成。上有兩層白雲，山凡六七峰，峰多五彩之色。山後亦有雲水。右山脚下似有兩人立而語，真海上仙山也。故刻曰『彩瀛仙府』。背面，下半亦是大水而波紋不及正面。上有一峰，峰右有花樹倒垂，峰下山坡有一人立而看花，亦皆具彩色，真瑶池閬苑也，故刻曰『閬水花峰』。畫幅壯闊，實爲仙品。正背各題一絶，刻『蒼山畫仙』印。

絶似雲麾設色鮮，瀛洲列屋盡神仙。此間可有閑亭館，靜揜[一]花龕待樂天。此嚴親自謂也。

本是仙源第一家，壇邊紅杏水邊槎。奈何早向西池去，獨立瑶峰看落花。此謂先慈[二]也。

註釋：

[一]揜：同『掩』。

[二]先慈：道光十二年（一八三二）十二月二十八日，阮元繼室孔璐華（一七七七—一八三二）病故于雲南都署内寢，享年五十六歲。孔璐華乃孔子七十三代長孫女。時阮元在山東學政任，由巡撫畢沅作伐定親。嘉慶元年（一七九六）四月，衍聖公孔憲增送長女孔璐華至杭州，阮元乘八座行親迎禮，杭州士民婦女數萬計，觀睹『壓奩只用十三經』盛況。道光十二年（一八三二）二月，長期服侍阮元的侍妾唐慶雲在雲南去世，孔夫人擔心阮元年邁足疾，七月啟程赴昆明，聞

九月到達。這年十二月九月阮元接到覲見硃批，交印于巡撫伊里布代行職權，十六日啟程，夫妻聚首不足百日，一别竟成永訣。孔璐華能詩，有《唐宋舊經樓詩稿》七卷。

按：阮祜生母，劉文如（一七七七—一八四七），字書之，號靜春居士。安徽天長人。舊隸揚州，工繪事，文史亦優，善詩，係原配江氏之媵。阮元原配江氏乾隆五十七年（一七九二）病逝，次年阮父命阮元納劉文如爲側室。

又按：《揅經室續集》卷十一《甲午》：『題彩瀛仙府閬水花峰大石屏。』此屏正面爲海水波瀾。上有兩層，山凡六十多峰，峰多彩色。右山麓似有兩人立而語，前一詩自謂也。背面亦有水波，上有一峰，峰有花樹倒垂。坡上似有一人立而看花，亦有彩色。後一詩悼亡也。

## 仿宋元十二家集錦畫册十二幅

選佳畫石十二幅，縱横皆不過一尺内外，各具四時山水之妙。分擬宋元大家，若各家真畫，恐尚遜此渾淪。昔嚴滄浪借禪論詩，以爲『羚羊掛角，無跡可尋』，似此皴染無痕，天真爛漫，真無跡可尋矣。親嚴各繫以十六字銘，銘下刻『畫仙』印，背刻『阮氏石』三字印。用牛思黯例也。

春巖嵐翠

淡綠色，多直披之皴，且有插崖法。下有雲煙遮之，清潤之筆，脱去凡塵。

春山暖翠，皴染螺黛。學黃大癡，著色可愛。

梅柳渡春

上有横山。中有岸，似有梅柳。下有水。

岸柳已緑，遠梅殘白。仿王叔明，皴染于石。

松巖漬緑

直是研石。緑傅之青黑色點，皆成遠松，力量深厚。

緑石松山，點漬濃厚。仿王晉卿，得其雅秀。

蒼嶺鬱雲

下有山林，林外白雲如水，右向左流。雲外横嶺，嶺外又有雲山，畫法蒼老。

鬱雲旁流，横嶺露脊。乃高房山，留斯名跡。

萬松回嶺

緑色積點如萬松，其嶺脊自上回下。

雲嶺回龍，鬱鬱萬松。效盛子昭[一]，參以淡濃。

雨天銀竹

煙雨中山色不分明，而又有銀竹之痕，條條直掛，空靈之至。銀竹，太白詩。

白雨遮山，銀竹下注。惟李營〔一〕丘，有此虛處。

烏林翠岫

下半黑色密林，上半遠岫點綠。

密林積墨，遠岫染黛。是米元暉，虛實兼繪。

赭岫秋霞

此幅則全是赭石所染，峰巒清壯。峰外有煙有霞，真宋人筆力也。

列岫斑駁，有煙有霞。摹范中立，可爲名家。

秋林歸牧

疏鈎兩重山，點染黃綠雜樹。右下角似有小石橋，騎牛者。

石橋歸牧，半林黃綠。如曹雲西，筆簡神足。

野水霜村

下有野水參差，上有山林，備青紫黃各色。合乎東坡『野水黃葉村』詩意。

江南野水，黄葉山村。擬吳仲圭，泯筆墨痕。

煙岸滄波

上有横山，下皆大水。宋蒲永昇畫水得名，與東坡同時。

遠岸煙生，滄江波起。傳蒲永昇，專畫活水。

鐵峽白雲

黝緑色畫兩三重山石，嵌空處皆有白雲。

杜少陵有《鐵堂峽詩》，真如積鐵色矣。幅右似有仙人小像。

鐵堂兩層，白雲間之。此李希古[二]，畫老杜詩。

註釋：

[一]盛子昭：盛懋，字子昭。嘉興人。元代畫家，擅山水人物花鳥。

[二]李希古：李唐，字晞古。河陽三城人。南宋畫家，初以賣畫爲生，宋徽宗趙佶時入畫院。南渡後以成忠郎銜任畫院待詔。擅長山水、人物。變荆浩、范寬之法，蒼勁古樸，氣勢雄壯，開南宋水墨蒼勁、渾厚一派先河。

校記：

（一）道光本作『桊』字。

## 阮元款大理石屏

湖山烟雨

湖上青山独自尋，韶光都向客中沉；平原烟草縈愁遠，故國鶯花入夢深。

伯元録石谷句

春雨江南

壬戌三月，仿石谷子句以題此石。蒼山石仙作于吴中之十二峰館

## 仿團扇山水四幅

皆徑八寸，極爲精妙。

一　夕陽花塢。仿趙千里[一]。左上有黄色遠山，中有横山，色備紅白緑紫，下有青煙。著色嬌嫩，含春陽冶淡之意。

二　暑山蒸雨。仿小米。中横緑峰，餘皆雲氣，潤濕欲滴。而左有陽光紅色，即山頭亦帶微紅。

三　點蒼秋雪。仿李希古。下籠雲氣如洱海，又有一帶黄色如山脚霜林。山上色含青翠而雪點粲然。

四　嶽頂俯雲。仿董北苑。上有雄拔雙峰，下有寒雲之氣，如見皴跡深淺有法，真董源也。

註釋：

[一] 趙千里：趙伯駒，字千里。宋朝宗室。南宋著名畫家，宋太祖七世孫，趙伯驌兄。宋室南渡後以畫扇爲宋高宗趙構賞識，曾官至浙東兵馬鈐轄。工畫山水、花果、翎毛，筆致秀麗，尤長金碧山水，取法唐李思訓父子，而趨于精密。

## 雲暗中秋

方。五寸許。

下有山，上有疏雨浮雲，雲中掩映月輪如指尖大。背刻曰：『晏元獻守南郡，中秋無月，王君玉納詩云：「只在浮雲最深處，試憑弦管一吹開。」』

又，嚴親刻石背曰：『余于道光丙戌[一]制滇黔，三年中秋皆有小雨。己丑[二]與女蘿坐待月色，余曰「年年雨打中秋月」，女蘿對曰「歲歲雲開上某燈」，且曰「第六字不敢道主人名，故以仄聲代之。」今摩石回憶，爲之黯然。』

註釋：

［一］道光丙戌：道光六年（一八二六）。

［二］己丑：道光九年（一八二九）。

## 仿宋人秋山蕭寺圖

方。尺二寸。

上有橫山，山有遠林不過坳嶺而已。嶺下雲氣，雲氣下則橫赭綠一片，成小嶼叢林之景，似有村寺藏于其中，畫意蒼古。背則刻『雲無心以出岫』六字，爲其相肖而已。寄朗葆宸世兄。

## 梨雲詩夢

圓。徑六寸許。

中有淡冶花山而白點尤顯，餘皆雲氣迷濛。此與前『夕陽花塢』同一妍妙。寄贈許滇生[一]學士。

註釋：

[一]許滇生：許乃普（—一八六六），字季鴻、經崖，號滇生。浙江錢塘人。江蘇巡撫許乃釗六弟，嘉慶十九年（一八一四）以拔貢生朝考，七品京官任用，分刑部。嘉慶二十五年（一八二〇）以一甲二名進士授翰林院編修。道光五年（一八二五）提督貴州學政，七年（一八二七）偕阮元等奏請添置學校、學額事。官至刑部尚書，謚文恪，有《堪喜齋集》。

## 初月殘陽

方。九寸。

中有淡冶花山，含映紅綠。上半空處淡黃，下半空處青白。

張蘭坡刻曰：『初月殘陽交弄影，綠楊紅杏共扶春。芸臺先生句也，此石畫之。』寄贈龔定庵[一]主事，此石背亦有烏雲紅日之妙，摹蘇帖十四字。

註釋：

［一一］龔定庵：龔自珍（一七九二—一八四一），字璱人，號定庵。浙江仁和人。道光九年（一八二九）進士，禮部主事。辭官後任丹陽書院講席。有《龔自珍全集》。阮元晚年，恒貌聾以避俗。龔自珍碩學多聞，見阮元則竟日深談，時人謂之『阮公耳聾，逢龔則聰。阮公儉嗇，交龔必闊』。

## 四時山水小四幅

同高七寸許，寬四寸許。

一春岫梨雲，二夏山蒸雨，三秋巖松月，四冰岸衝寒。寄嵩曼士中丞。

## 横卷二幅

同高五寸許，寬尺許。

一茂林煙雨。仿米元暉。二列岫晴光，透明。仿李龍眠。皆刻『蒼山畫仙』款。寄曼士中丞。

## 仿宋八家四時集錦八幅

此畫先有四石，後加四石，成一册八幅。較前宋元十二石尤爲精妙。鑲錫邊。

花岫午晴

高八寸，寬九寸。仿王晉卿。

著色，畫春山花嶼，又有午日紅影，致爲姸妙。背有風雨雷電之景，刻『雷電圖』三字。

綉谷春陰

高八寸八分，寬八寸二分。仿劉暗門。

著色，畫春谷如綉，又有青白雲陰，漏日之色。

烏雲紅日

高九寸三分，寬八寸。仿郭河陽。

畫君謨夢詩蘇帖，背烏雲尤重。

丹崖暑雨

高八寸九分，寬八寸九分。仿趙令穰。[一]

右峰綠色，中峰左峰色如朱砂，爲罕見之色。且有暑蒸掛雨之景。

蒼巖濃樾

高九寸，寬七寸八分。仿范華原。

畫黝綠色山巖，林樹皴法，蒼秀濃厚。

嶺樹歸雲

高八寸九分，寬八寸三分。仿米元暉。

工細靜妙，雲樹融潤，了無痕跡，得歸雲擁樹之意。

翠微黃葉

高八寸，寬一尺。仿趙千里。

畫上方乃石綠色橫山，綠甚鮮湛，爲罕見之色。下方乃鮮黄林麓。

月影寒峰

高九寸，寬八寸四分。仿李龍眠。

墨筆畫三五瘦峰，簡淡有寒色。照光透明。

註釋：

［一］趙令穰：趙令穰，字大年。北宋皇族，趙匡胤五世孫。書畫家，幼時即愛書畫，富于文學修養。宋徽宗爲端王時亦與他交遊，切磋畫藝。其弟趙令松善畫花竹、水墨蔬果，亦善山水。其子趙伯駒爲宋代著名畫家。

## 寒巖雪瀑

高八寸三分，寬六寸半。

正面，上有傾崖，黝綠色。崖上積雪如彈白粉，崖下白瀑下注，有聲有色。背面則大浪翻石磯而過，亦皆有雪色。故刻曰『雪浪』。

## 一半夕陽開

高五寸，寬一尺。

下有綠山，上右有淡烏雲，左則黃色夕陽。刻曰：『一半夕陽開，用唐人詩意。』

## 仿元人山水

高五寸，寬一尺。

似是畫者運筆爲大鈎兩三層，又加渲染，色淡綠，雅近元人筆意。

刻曰：『蒼山畫仙，仿元人鈎染。』寄吳荷屋世兄。

註釋：

吳荷屋：吳榮光，號荷屋。

留餘齋舊藏
大理石座屏

## 驚濤拍岸

高一尺，寬尺四寸五分。

正面刻『置嶺白雲中』，背用東坡詞句擬之，逼肖。寄恩蘭士[一]漕帥。

註釋：

[一]恩蘭士：朱汝珍《詞林輯略》卷五『嘉慶・戊辰』：恩銘，原名恩寧，字靜庵，號蘭生。正紅旗滿洲人。散館授編修官，至刑部尚書，外任熱河都統。道光十三年（一八三三）癸巳會試，以工部侍郎與阮元同爲會試副考官。

## 仿石田翁

高七寸，寬九寸。

正面畫一巨石，後襯石崖似屏，筆意雅似沈石田。背右及下皆小有山勢，左上則一片雲勢斜來。故刻曰『山雨欲來』，更比正面空妙。

## 曉山淡月

高六寸八分，寬八寸。

下有雲山，山頭有半月欲墜，色甚淡。

集《詩品》句刻之曰：『如月之曙，淡不可收。露餘山青，與之沉浮。』以上二石寄姚伯昂[一]司寇。

註釋：

［一］姚伯昂：姚元之，字伯昂，號薦青，又號竹葉亭生、五不翁。乾嘉安徽桐城人。嘉慶十年（一八〇五）進士，道光十三年（一八三三）授工部侍郎，又調刑部右侍郎轉左侍郎，任大考翰、詹閱卷大臣。十四年（一八三四）任順天府鄉試副考官。書畫家，出張問陶門下，擅畫人物、果品、花卉，書法尤精隸書。

## 日腳

高八寸二分，寬八寸。

刻詩曰：『風定波恬霽色開，水中孤嶼似蓬萊。忽從山外浮雲上，一綫斜分日腳來。』

日腳紋乃生成石筋之紋。又一石較小，刻曰：『雲隙斜射日腳，此宋元畫家所未及也。』

## 二只石

方。徑一尺六分。

正面刻『只可自怡悅，不堪持贈君』。背刻『只在此山中，雲深不知處』。蓋皆以雲勝者也，故名之曰『二只石』。

## 晴雪梅花

高三寸，寬五寸。

山色有翠綠，又有紅黃色如晴日。又多白點如雪如梅。惜米顛袖中不曾有此，故余名最小者曰『袖石』。寄梅叔二叔。[一]

註釋：

[一]梅叔二叔：阮亨（一七八三—一八五九），字仲嘉，號梅叔。阮元從弟，嘉慶二十三年（一八一八）副貢。幼隨阮元讀書，後入其幕，編著有《淮海英靈續集》《瀛舟筆談》。

## 雪人峰雪仙人像

本是合乎雪景之圓石，裁方之，與《畫仙圖》同其尺寸。

兩層山巒，皆成雪景。山外同雲山中，一人面向右溯風而立，有振衣千仞之勢。面貌口鬍皆具，高冠垂纓，其衣左肩袖垂，右袖揮舉，雪花隨袖飛出，面與身皆有雪花堆積，左足靴袴甚明。

點蒼十九峰，春秋皆有雪，内有雪人峰。不料此石真有雪人，是真有雪仙人而畫仙爲之寫像以示人矣，因並畫仙石藏之，爲二仙人石。

## 箕風圖

高一尺七寸，寬一尺七寸。

上有横山三四峰，山内外似有風沙冰雪，自右而左斜飛横流之狀。山下白如積雪，雪下則一片黑色霧水。石背則無山，但有冰水之狀矣。刻曰：

客曰：『風可畫乎？』余曰：『鮑明遠賦云：「涼沙振野，箕風動天。巖巖苦霧，皎皎悲泉。冰塞長河，雪滿群山。」此畫之矣。』

## 飛雲洞圖

高一尺九寸半，寬一尺六寸半。巨幅也。

披皴塗染皆雄秀，似北宋人之筆。賣石者以爲峰尖向上，畫石恒蹊也。倒視之，絶似黄平飛雲洞，遂倒其石而刻之曰：『貴州黄平州有飛雲洞，行人多遊于此。此洞懸崖外覆，虚腹内深。筆峰簪柱，厜巇[一]倒垂。鐘乳玉髓，谽谺[二]下注。石雲勝捲，臨風欲飛。見此一幅，如初入洞。及觀後幅，堂密乃寬。久思畫手摹以爲圖，今得此石，見其面目矣。』此石贈嵩曼士漕帥。

註釋：

[一]厜巇：山峰高峻。

[二]谽谺：山石險峻。

## 翠岫晴雲圖

高一尺七寸，寬一尺八寸。

下爲白雲。白雲上橫綠山林一層，山林外爲青雲，青雲上又橫綠樹一層，綠樹外爲白雲出岫之狀，如爐煙初起，輕絮乍擘。白雲之上則橫岫如屏，分五峰，峰外天光淨白，照之透明。雖林岫同爲綠色，而蒼翠老嫩層層不同。雅似唐人著色。刻曰：『蒼山畫仙，仿摩詰法，洵神品也。』背下有雲頭，上有雨腳。刻曰：『溪雲初起，山雨欲來。』

## 煙江疊嶂圖

高一尺八寸，寬二尺二寸。巨幅也。

下有岸山林靄一片，上有横山疊嶂數層。山之下，林之上，則横抹煙水，極得迷濛渾涵之趣。刻曰：『煙江疊嶂圖，蒼山畫仙仿晉卿法。』江真是煙，嶂真是疊，此石寄盧厚山[一]世兄。

註釋：

［一］盧厚山：盧坤（一七七二——一八三五），字靜之，號厚山。河北涿州人。嘉慶四年（一七九九）進士，歷任兵部主事、郎中，湖南、廣東糧儲道，湖北按察使，甘肅布政使，廣西、陝西、山東、山西、廣東、江蘇等省巡撫，湖廣總督等官，卒謚文肅。

## 白牡丹圖

高五寸八分，寬八寸四分。

淡著色，横小山坡。有白花數枝，掩映于山坳。花大而少，葉叢而緑。非牡丹而何？刻曰：『點蒼麗江之西，牡丹大如樹，花下可繫馬，且多白者。道光甲午春，余在大理，牡丹及雜花盛開，春雪滿山，夜月東起，朗朗如玉山照人，真奇境也。又過靈官廟，見粉紅牡丹一株，根大及拱，高七尺許，開數十朵。』

## 花塢夕陽遲

高五寸二分，寬八寸。

雜色，畫如此詩句，且夕陽黄色，多花點，亦多山壁，亦多淡翠色。背刻七絶一首：『石中有畫畫中詩，金粉丹青屬阿誰。覓得唐人好詩句，宛然花塢夕陽遲。』

## 雲無心以出岫　鳥倦飛而知還

同高四寸五分，寬五寸三分。

緑色峰下有坡坨，亦常見之石。惟峰半忽出白雲一朵，飄然欲飛而未離于峰，真合此句。又一石，小山林兩層，上集群鳥，又有飛而欲還者，真巧爲對。以二錦囊藴之。

## 夕陽紅樹

高四寸五分，寬五寸三分。

上横山林，紅如朱砂，爲罕見之色。山外有淡黄夕陽。

點蒼山裏畫仙家，筆底能生五色花。爲染楓林烘落日，鑿開赤汞費丹砂。

## 四時小景十幅

高四寸七分，寬六寸七分，十石皆同。

一翠嶼梅花。橫寫小山，其色鮮翠，右有白點似梅林。
二疊嶂華林。三層山巒，上青中緑下近紅。
三彩岫朱曦。青緑山色，而空虚處皆有紅色日光。
四川雲藻夏。山溪糾轉，有暑雲夏木之意。
五澄江山影。下抹平江，上有兩重遠淡山色，且帶夕陽。
六金碧霞城。下山色碧，上嶺金黄色。
七晚岑黄葉。一峰之上，又有疏林。峰下峰右則有黄色。
八寒峰蒼陰。橫山下多墨色之樹，自是松杉也。
九幽溪微雪。上下兩山，中橫一溪，色帶墨而右山有微雪白色。
十同雲雪氣。同雲之下，則尖峰白雪，其氣勃然。

## 夏山日影

高一尺一寸，寬一尺。

緑色山林，力頗深厚，而山上有雲日下垂，直至山前之影。此幅山林古人能畫之，日影則不能也。刻銘曰：『嶂列翠屏，陰濃夏木。雲漏斜陽，射影深谷。』

## 十九峰彩石硯屏

高八寸三分，寬五寸五分。

如此小幅，而中分十九尖，峰峰不同色，遠淡近濃，鮮彩相競。最上之峰全爲罕見之色。此借用蒼山十九峰之數，實不相肖。彼如屏，此則攢疊也。

背則只有青紅綠三重山，而較十九峰又覺有寬曠之趣。其紅色山上之紅樹，即楓桃皆不足以擬之，竟似榴花矣。背刻詩：

誰向人間證畫禪，蒼山中有畫中仙。衆香國裏香光滿，群玉峰頭玉彩鮮。

紅影真成烽火樹，翠嵐既是蔚藍天。不知一片丹青石，傳與詩家幾百年。

## 枯樹

高七寸，寬六寸。

右方一枯樹，下半段有空心斷節、欹卧半折之意，且有煙霞之影，而皮色則猶帶黝綠色。因集庾子山《枯樹賦》句爲銘刻曰：『此樹婆娑，落角摧牙。梅根作治，散亂煙霞。蒼山畫仙蓋爲唐梅老根畫也，故雖枯而生意不盡。』又一石較小。

# 寒鴉圖

高八寸，寬七寸。

中層綠山，上層遠山稍淡，中多黑斑如百鴉飛集，高者及遠山之頂。

刻曰：『李營丘有《寒鴉圖》，六一居士有《鴉石屏詩》。此石兼用其意。』寄陳石士[一]侍郎。

註釋：

[一]陳石士：陳用光（一七六八—一八三五），字碩士、石士、實思，號瘦石。江西新城人。嘉慶六年（一八〇一）進士。授編修，官至禮部左侍郎，提督福建、浙江學政。嘗爲其師姚鼐、魯仕驥置祭田，以學行重一時。工古文辭，有《太乙舟文集》八卷傳世。

按：《太乙舟詩集》卷五，《壬辰冬阮芸臺惠寄大理石燈屏題以秋爽癸巳冬四明試院集東坡句寄謝滇南》：『天公水墨自奇絶，醉石可助平泉醒。妙想實與詩同出，要使珠璧棲窗櫺。』『醉翁詩話誰續說，到處遺蹤尋六一。且與揚雄說奇字，笑指西湖作衣鉢。』《太乙舟詩集》卷十二，《阮芸臺相國寄贈大理石小座屏其陽刻字曰秋林霜葉，其陰刻字曰琅嬛燈硯屏，賦二絶句志感》：『天心仁愛護寒松，請看秋林蒼翠容。結子餌仙傳五粒，耐霜不礙著霜濃。』『硯屏詩憶東坡子，句爲歐陽季默裁。不負當年知貢舉，讓他頭地愛他才。』

又按：承陆蓓容博士告知，婁縣姚椿《通藝閣詩三録》卷二，有《大理石燈屏詩 有序》：『陳石士侍郎督學浙江，阮芸臺使相自滇南以大理石山水燈屏贈行，其上有秋山霜葉字。侍郎繪圖屬爲賦詩：滇南山水亥步遙，浙中人物斗建杓。人生會和有如北，萬里雲氣風蕭蕭。滇南山水稍後出，金馬碧雞光曉日。渾涵樸茂本天成，不待雕鐫自橫溢。浙中山水天下奇，妙外更出無窮姿。若教鏤琢盡崖窾，當使六合窮毛錐。古來文字貴離合，人巧天工互參雜。四時清絶是秋山，凡卉能華最霜葉。知天妙矣誰知人，筆端翻衍太古春。世間萬事等閑耳，不有造物誰能神。書生護目如護寶，無以滋之發先縞。人生孰與不死存，兹石當爲後天老。』（《清代詩文集彙編》五百二十二册一百六十六頁）

## 柳塘花塢

高九寸，寬六寸。

下半有春水漫流之痕，卻是漫流，不是平水，不是急水。上半有雜花點染，又有夕陽之色。此石乃祜所磨藏。

## 雪浪

高一尺一寸，寬一尺三寸六分。

刻『雪浪』二隸字。又刻曰：『東坡謂孫知微畫水，飛濤走雪，盡水之理。』背刻四字曰『寒溪雪瀨』。

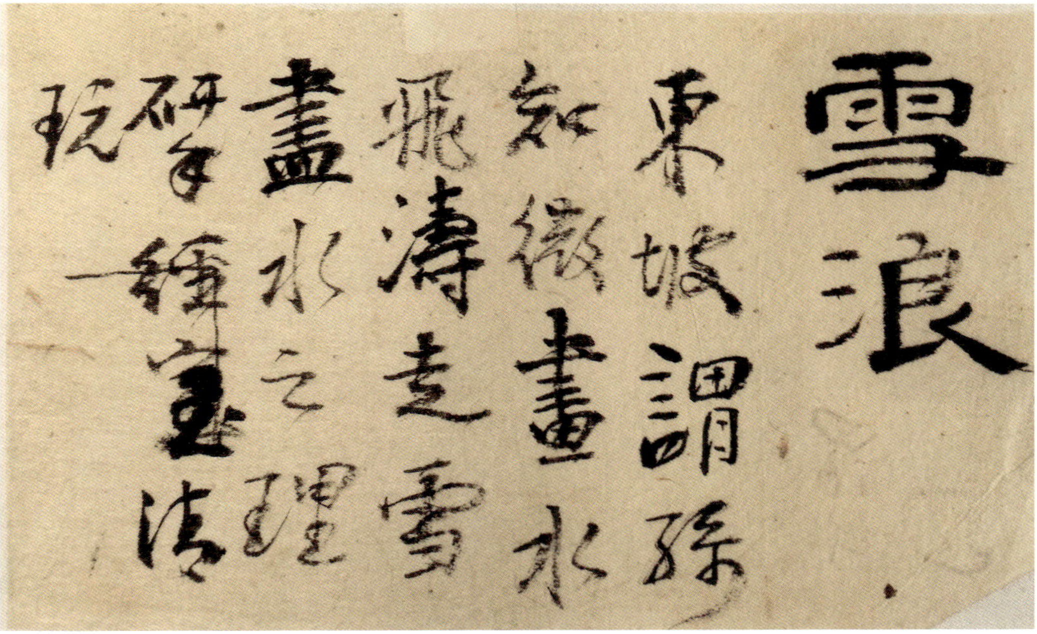
雪浪
東坡謂孫
知微畫水
飛濤走雪
畫水之理
研手鍾寶淸
玩

## 華子岡孟城坳竹裏館

高一尺二寸，寬一尺三寸。

下半似有半城之坳，緑山爲垣。右有竹林，上有横岡，多草木。用輞川名之。背山有上晴下雨之景。

## 赤壁

高九寸三分，寬五寸七分。

上有石壁，石壁下半赤色，赤色之下則是右流之大水。刻曰：『赤壁之下，江流有聲，斷岸千尺』。其赤山斜片走入石背之下方，而水則走入石背之上方，變爲烏雲，又合『烏雲含雨』『紅日照山』之景，真巧怪矣。

## 春湖花嶼 秋江漁隱

高一尺五分，寬一尺。

下有緑色山林，林中多白花，林外皆水。隔岸平嶼上有雜色小叢，再遠則淡緑山，恰是春景。背面，下有黄紫色林薄其上，更空闊皆水，遠抹青岸，兩邊似有黄葉村莊，恰是秋色。畫石山多水少，且幅中不能空。此石江湖空闊，所以最佳。

## 濺雪飛濤

方。一尺。

銘十六字曰：『海山日落，風鼓秋潮。水石相搏，濺雪飛濤。』可想見畫意矣。『落』『搏』亦相韻。

## 寄嶽雲

高一尺七寸，寬二尺。巨幅也。

上有峻嶽，下有縵雲。雙鈎『山谷帖』三字刻而銘之。款云：『蒼山畫仙，用山谷帖仿房山畫法，孳經老人清玩。』

背則平橫綠山，山下有白雲，雲下則似雲似水，亂流下注。又集蓂《嶽雲帖》十二字銘之曰：『嶽根雲，卧峰下。隨亂水，蕩且灑。』

## 蒼山洱海

高一尺九寸，寬二尺二寸半。

上有列峰，下有平水。峰上有雨腳，水面有雲頭。此蒼山畫仙自畫真面目巨製也。此石寄學海堂中。刻銘曰：

蒼山雨腳，洱水雲頭。群峰直立，滄波不流。仙人東海，遠不可求。此即蓬萊，此即瀛洲。

## 群玉山頭見

方。不足五寸。

面刻『群玉山頭見』五字。

此石黛綠，山多白斑，是群玉也。右方有女仙高髻縞袂，紫裳而有舄。［一］

註釋：

［一］舄：鞋。

## 米袖春山　米袖秋山

二石。不足二三寸，袖中可攜，惜米袖未曾有此。曰『米袖』者，因其小也。

此三石，祜自藏。

## 平江松岸

高六寸二分，寬一尺二寸。

橫抹江水，筆氣蒼老，長岸松巒，非馬遠不能。背有雪溪寒溜之景。

此石乃伊莘農中丞所贈，祜自藏。

## 詩畫雙仙鸞鳳圖

高八寸四分，寬五寸八分。

中橫一山二峰。右峰綠破，有白石碎露，似點蒼山爲人鑿石處。上方似有二仙人並騎鸞鳳欲下，且有指點顧語之狀。此真是石畫中有仙力矣。而其雲山煙水之趣，尤得畫中詩意，非有詩仙助之不能，故因此石證雙仙也。

誰剖蒼山白石開，丹青點染費仙才。畫仙更覓詩仙助，並跨青鸞紫鳳來。

# 畫仙怪石圖

高四寸八分，寬五寸五分。

有三仙人像。嚴親戲作小記刻于石背。

## 畫仙怪石記

元代全滇内屬葉榆，點蒼山亦仙靈窟宅。唐宋諸畫家爲真靈者，多來棲此，無論元畫仙矣。凡石之奇異者名『怪石』，《禹貢》已然。石畫，其最怪者也。

此片石乃仙人所造，最低，一仙人露上半身，黄色衣，幅巾持杖，爲元畫仙，其張伯雨之流歟？半山一仙人，綠衣幅巾持杖，爲宋畫仙，其郭恕先[一]之流歟？最高，隔山又一仙人，山遠而形愈小，青衣幅巾，亦持杖右望，其唐韋偃之流歟？三仙皆具面目，神韻宛然。尤可異者，綠衣，仙對面似有一怪物，出頭臂于石外，與仙相拒。魑魅之塗，天台有之，畫仙收此怪而後能煉石作繪也。故余既謚之曰『畫仙』矣，復數最古之典曰『怪石』。戲仿唐人小説爲此記。

註釋：

［一］郭恕先：郭忠恕，字恕先，又字國寶。五代宋初畫家，河南洛陽人，擅作宮觀樓臺，所繪重樓複閣，頗具營造規範，也擅長人物畫。

## 安石東山

高三寸五分，寬五寸五分。

彩色山水，極其華麗。右另有一人袍帶而坐石，甚爲明楚，石前似立有歌舞之伎，背亦有紅綠山水而有空靈之趣。題曰：『雲霞出海曙，梅柳渡江春。』有梅有柳，有雲有霞。下方林外，且似有渡船之檣帆者二，隔水亦似有人物隱現于雲樹中。

## 桃園圖

高三寸五分，寬五寸五分。與東山石同大。

正面，爲淺綠横山，右麓色紅如桃林，左則似平村花樹，色皆冶艷。以艷選石，此爲最矣。刻王右丞句曰：『坐看紅樹不知遠，近入千家散花竹。』背則低山，蒼石，有紅日之色。照光透明。

## 夾城月露燈屏

高一尺五分，寬一尺四寸。

瑩白。照光如夜月之色。有三道横痕，似夾城之路，且有門。而又有斜白數痕貫于上下。晝映日，夜映燈，皆明透。若夏秋月露之下，以此爲燈屏，甚妙。

集李長吉句刻之：

沈郎青錢夾城路，沙路歸來聞好語。李詩去上通押。

先〔一〕城報春更漏轉，況是青春日將暮。十二門前融冷光，柳陰半眠丞相樹。

月風吹露屏外寒，露腳斜飛濕寒兔。

校記：

〔一〕李長吉原詩爲『先』字。道光本誤爲『朱』字。

## 霜葉紅于二月花

小圓幅。徑五寸半。

四層山，下二層綠色，第三層爲紅黃色之秋林。最上帶紫色，爲遠山。色澤鮮明，皴染合法。

## 山抹微雲天連衰草

團扇式。徑七寸。

山上有橫雲兩抹如帶，山外似有衰草連接遠天，與秦淮海詞句恰合。

美國明尼蘇達博物館藏大理石屏

## 桂嶺泫花燈屏

高八寸，寬九寸。

墨筆畫茂林峻嶺。嶺上有大花樹一株，嶺外皆瑩白透明，有金波玉露之妙。迎光照之，又有淡青雲一條，斜向花頂，故刻長吉詩『吳質不眠依桂樹，露脚斜飛濕寒兔』十四字。又摹《聖教序》『桂生高嶺，雲露方得泫其花』十一字于背。又一絶：

紙窗曉日鈎簾後，銀燭秋光隔研時。照見金波雲露色，問誰能畫此花枝。

## 綠樹團雲圖

高九寸，寬八寸半。

下爲雲煙，中有綠色，是密樾，非山石。上有紅色天光。刻銘曰：『山静日長，影紅陰綠。卧聽鶯聲，幽人書屋。』背則山巖之外青雲紅霞，色最濃冶。刻曰『雲霞春曙』。

## 曉山星月

高一尺，寬一尺二寸。

横幅山水，筆情簡淡，雅近元人。所奇者，平遠山外透有紅色，如曉日未昇，赤光初起。

左有一點孤星，右有殘月，蒙籠于薄霧之中。刻銘八句，足以肖之：

東方已明，紅光生曙。水泛青煙，山涵白露。
一星啟晨，殘月隱霧。宋元名家，莫繪此趣。

## 讀碑圖

高七寸半，寬五寸。

山坡高起，有紅色夕陽。左有石碑之形，向右微俛，宛然畢肖。背刻二絶。寄京

夕陽荒山讀古碑，苔趺微破向南欹。北朝隸法文章在，我愛韓陵共語時。
六朝隸石江南少，翻是滇中見一斑。八尺豐碑今畫出，陸涼山下爨龍顔。爨龍顔碑在今陸涼州，其年當劉宋時。字帶隸體，文亦雄健，江南無此巨制也。碑中自謂爨姓出于楚班，入漢後改爨入滇。

## 銅山圖

方。五寸餘。

近山黑緑色，遠山紅色。石頗不雅，背刻小記存其事耳：

滇出銅之山數十處，最盛者永平山南，既漢之博南山也。礦徒數萬，穴山取礦，董之以官。松柏百里名曰『炭山』，燒炭熔礦，歲得銅數百萬斤，以供京師暨各省鑄錢之用。高岡崇嶺，穴之空空矣。黑林密樾，伐之濯濯矣。千爐萬鞲[一]，晝則煙滿溪谷，夜則紅光燭山，陸渾山火不足言也。雖濟世利用，泉流天下，然鑿地寶而烈山澤，不亦慄慄乎？此石之畫，毋乃似之。

註釋：

[一]鞲：古代鼓風機。

## 歷歷種白榆

高一尺，寬一尺二寸。

照光透明，似綠林叢直，而疏處又皆明漏。林上有斜白痕，瑩如露月。平視不如照視之佳，若銀燭秋光更佳矣。集李長吉句刻之：

天河碎碎銀沙路，露腳斜飛濕寒兔。月風吹露屏外寒，榆莢相催不知數。

## 白雲抱幽石綠篠媚清漣

高九寸，寬八寸。

正面，黝黑色，上下兩層，而白雲糾轉抱之。『抱』字確極。背則上有綠色，下有水紋如縐。巧合謝康樂兩句，極精妙。

## 海雲曉日

高一尺，寬九寸。

下半如海波煙雲，上半有兩三山頭，紅氣勃然而皆有渾涵之趣，照之透明。刻曰：『雲海沉沉，洞天日曉。唐陳鴻《長恨傳》句也。』

## 綠浮屠圖

高八寸四分，寬五寸八分。

正面數峰，有朝陽紅碧之色，下峰尤有似朱砂處。右有林麓，中有一樹獨高如塔。刻曰：『昔余宿天台山，夜雨朝晴，見萬年寺前古樹直立十餘丈，上鋭下豐，故有綠浮屠之句。韓昌黎《山石詩》曰：「天明獨去無道路，出入高下窮煙霏。山紅澗碧紛爛漫，時見松櫪皆十圍。」此石畫與詩境、遊境皆肖。』

背則一片碧山，上有缺處全透紅色，右下角有綠樹成林。刻曰：『青山缺處日初上，野店開時鶯亂啼。放翁句。』

## 春陽冰泮

高七寸半，寬一尺二寸三分。

淡綠泥金色山，不甚分明，似陽春曬暖，其氣盎然。其山内外之水，則皆有冰裂紋。惟右有水一派，從山腹流出，成淡青色。

背則金碧色，水依山而流。刻曰『麗水金沙』。滇中不但麗江生金，即尋常溪澗亦間有金沙。嚴親往永昌，曾過一溪，馬足之下金屑耀目，即似此矣。

夜雨醒山綠，苔草生清薰。春陽滿山川，淑氣蒸氤氳。
平湖冰欲泮，碎裂玻璃紋。山腹出新泉，澹沲如碧雲。
村樹在山足，蓬蓬含暖氛。妙繪色融洽，皴跡何由分。

## 大理府三塔寺三石

家嚴云，一石在佛殿前，爲拜石。方，徑六尺餘，相傳以爲蒼山全相。

余洗而觀之，殊不然。此石雲山壯闊，誠無其匹，而幅頂無留天空處，似是丈許之長幅而截去上半，不如余『蒼山洱海石』之相肖也。又一石，亦拜石，尺寸較此稍小，山水佈置勝于大者。

又前殿後兩楹之間爲佛座，座之背爲墻，寬一丈數尺，高亦丈餘，誰知非墻乃一片大石畫石之大，天下無過此者矣。其紋則右有山巖，中左皆平痕數條，俗傳以爲『平沙落雁』者，然亦未見甚佳。明《徐霞客遊記》：『前殿三楹，佛座後有巨石二方，嵌中楹間。各方七尺，厚寸許。北一方爲遠山闊水之勢，其波流瀠折，極變化之妙，有半舟庋尾煙汀間。南一方爲高峰疊障之觀，其氤氳淺深，各臻神化。』此二石不過六七尺，即余所見之拜石，蓋明時爲座後石，今爲拜石矣。至『平沙落雁』丈許之石，則霞客未記，或此石出于霞客後耶？

又《遊記》云：『新石之妙，莫如張順寧所寄大空山樓間諸石，中有極其神妙更逾于舊者。故知造物之愈出愈奇，從此丹青一家，皆爲俗筆，而畫苑可廢矣。張石大徑二尺。約五十塊，塊塊皆奇，俱絶妙著色山水，危峰斷壑，飛瀑隨雲，雪崖映水，層疊遠近，筆筆靈異，雲皆能活，水如有聲，不特五色燦然而已。』按，此則五色山水石，明崇禎間已有之，而大空山樓五十餘石，竟無一石離滇而行世者，則知奇物之埋沒者，多矣，久矣！又《遊記》云，在大理過月街之市，以錢二百買二石，不言其佳，諒不如大空山樓石。霞客行李亦必不能移逾尺之石。然則小石之未佳而價賤，月街之市，明末已有之矣。

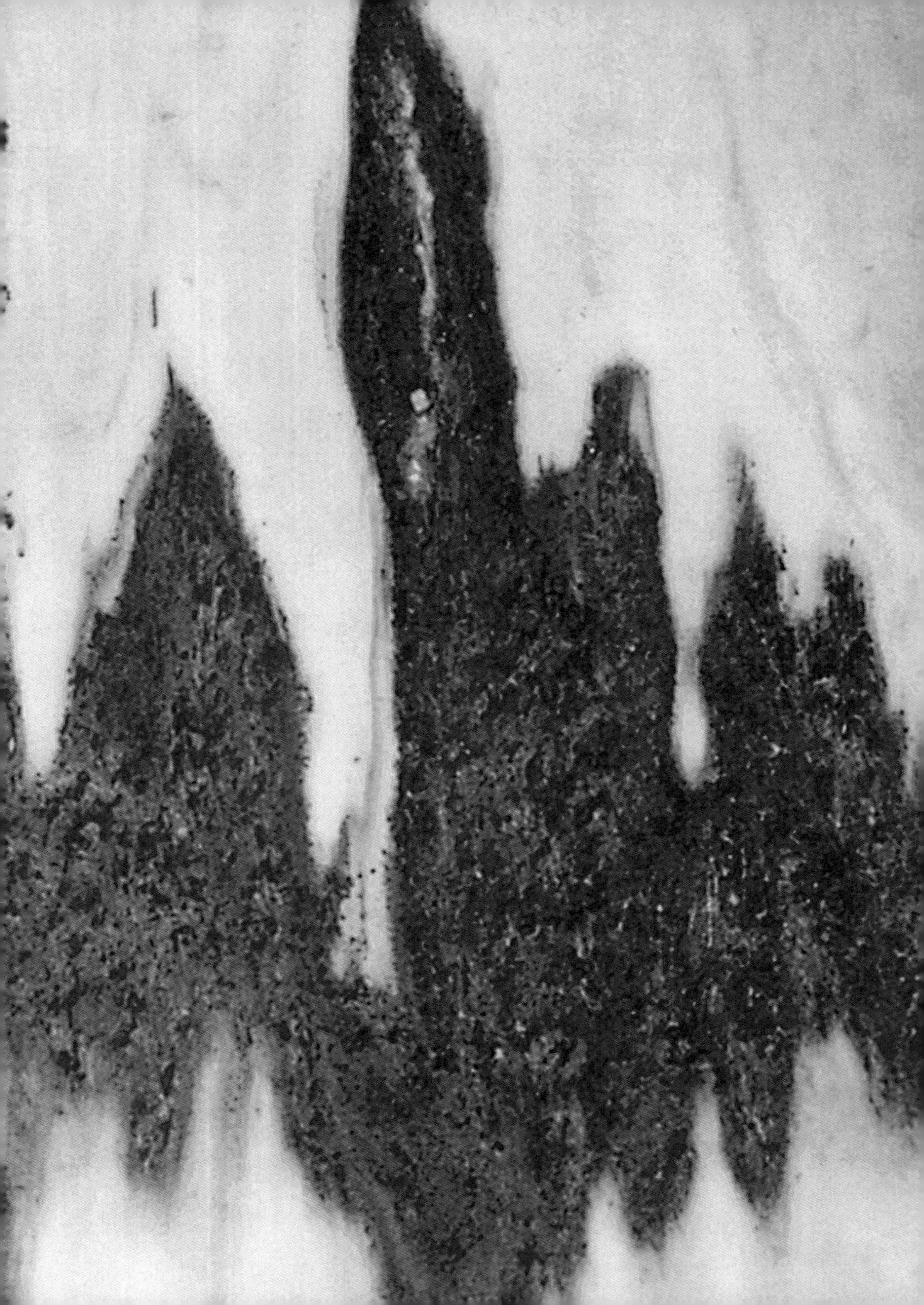

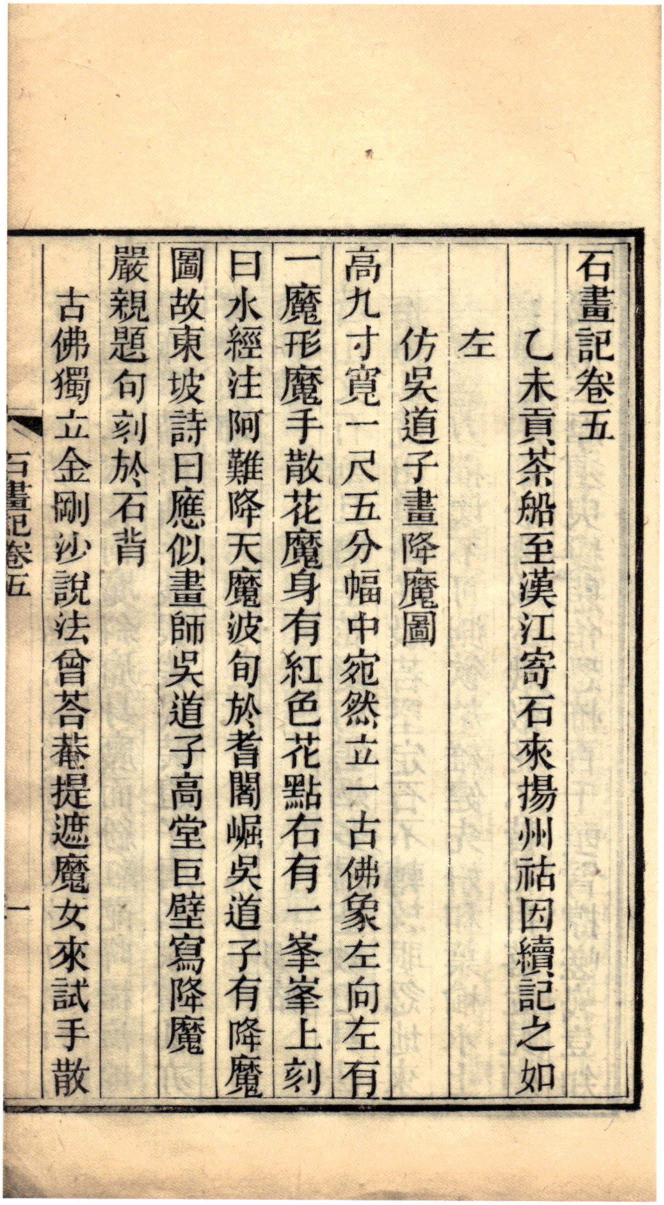
石畫記卷五

乙未貢茶船至漢江寄石來揚州祜因續記之如

左

仿吳道子畫降魔圖

高九寸寬一尺五分幅中宛然立一古佛象左向左有一魔形魔手散花魔身有紅色花點右有一峯峯上刻曰水經注阿難降天魔波旬於耆闍崛吳道子有降魔圖故東坡詩曰應似畫師吳道子高堂巨壁寫降魔嚴親題句刻於石背

古佛獨立金剛沙說法曾荅菴提遮魔女來試手散

石畫記卷五　一

《石畫記》卷五書影

# 石畫記卷五

乙未[一]，貢茶船至漢江，寄石來揚州。祜因續記之如左。

註釋：

[一]乙未：道光十五年（一八三五）。

## 仿吳道子畫降魔圖[一]

高九寸，寬一尺五分。

幅中宛然立一古佛象，左向。左有一魔形，魔手散花，魔身有紅色花點。右有一峰，峰上刻曰：『《水經註》阿難降天魔波旬于耆闍崛[二]，吳道子有《降魔圖》，故東坡詩曰：「應似畫師吳道子，高堂巨壁寫降魔。」』

嚴親題句刻于石背：

古佛獨立金剛沙，說法曾答庵提遮。魔女來試手散花，禪智不動持法華。
忽然髼髮變野義，神力隔石開耆闍。反風吹花向魔斜，魔身魔面紛紅葩。
降攝海地鵬怖拏，歸山袖手披袈裟。吳裝道子唐名家，畫仙亦可金仙耶。

命和作：

男 祜

蒼山文石割且磨，空花變幻雲煙多。掃空破幻具法相，金沙洗出真頭陀。
般若堅定石不轉，放眼忽地來天魔。魔力摧壞不可測，欲施雄健先妍和。
葉榆水上寶華爛，娟娟妙舞成玉娥。散花不著花自落，立見煩惱消三摩。
須臾變態作恐怖，百千頭臂撐嵯峨。豈知雄妍本一色，天女便是阿修羅。
精誠入石復出石，向壁作畫非蹉跎。山靈曾學吳道子，題句必索蘇東坡。
況神力指衆香國，名山處處溯釋迦。一片石付法眼藏，魔兮爾耐阿難何。

大理 楊淳

大理自古號白國，白國遺聞有古册。莫道其文不雅馴，野史稗官足采擇。
當時羅刹生妖氛，蒼山晝晦洱海黑。觀音現出頭陀身，乞地書盟定籌畫。
黃犬三跳袈裟披，賺得羅刹歸束縛。降魔壓在蓮花峰，千年洞口出不得。
吳道子作觀音圖，至今流傳在永北。白國因由古佛開，佛力神通入地脈。
此石得自蒼山中，磨出宛然畫水墨。我是點蒼山下人，内典拈來吟且刻。事見白國書。

註釋：

［一］仿吳道子畫降魔圖：《揅經室集・續集》卷十一題爲《降魔圖石畫屏》：方尺餘。中立一佛，袖手披袈裟，左立一魔，毛面豎髮手中撒花，花向左斜墮而反著魔身面者皆紅斑……下同。所記尺寸與《石畫記》略異。阮元詩後自註『此石與祜』。

［二］耆闍崛：佛陀說法之靈鷲山。

## 五色雲屏

此石載在第一卷，陳雲伯世兄有和詩。嚴親允以此石贈雲伯，雲伯又作一詩，今載詩于後。

### 琅嬛仙館五色雲石屏歌　陳文述

白雲偶向青山出，日華照之成五色。雲氣在天根在石，深入石膚融石脈。
石髓凝作五色雲，一雲一色交氤氳。糾縵縵兮梢輪囷，司此雲者雲中君。
青雲之青赤雲赤，黃雲之黃碧雲碧。太平呈瑞旱爲霖，海内望雲如望澤。
石兮石兮雲之精，雲兮雲兮石之英。是雲非雲雲有名，非雲而雲雲有情。
雲之君兮從何來，桂旗羽葆相徘徊。朝天應自天閶回，金闕妙選群英才。
侍從群真盡仙侶，雲髻峨峨更仙女。天上神仙足官府，仙任重遊儷茆許。
前生位業文昌宮，長生無極群仙宗。吐氣作雲雲色紅，玉皇高捧天當中。

我是閑雲無色者，隨風來去鴻濛野。空同元鶴倘相逢，來逐雲龍話金馬。

**琅嬛師相滇中來書命賦一詩許以五色雲石屏相贈更賦一首**　陳文述

先生手煉五色石，化作慶雲補天缺。尚留餘氣還石中，石亦化雲成五色。
先生愛石兼愛雲，謂我頗似雲中君。我近煉氣兼煉神，還虛合道全吾真。
先生文字通真宰，亦似黃山大雲海。謂我詩格勝杭厲[一]，五色毫端彩雲彩。
以石贈我易我詩，我詩未必如石奇。銀河滌筆浣雲錦，誰知吐盡春蠶絲。
抱石歸來枕雲卧，夢入滇雲踏雲過。唐梅結子正和羹，卿雲一曲猶能和。

雲伯又寄言寒家不能守，捐嵌嘉定震川書院書室壁間，並請書《五色雲石室》匾。

按：陳文述二詩作于本年八月。本年阮元受道光启見以體仁閣大學士赴北京，六月離滇。吳榮光為《石畫記》作序，在是年秋。

註釋：

[一]杭厲：厲鶚，杭州人。

## 雪浪第四石

方。徑二尺一寸。巨幅也。

下方有黝綠色石磯，磯上則驚濤白浪，如聞喧聲，此雪浪第四圖矣。背則磯在上方，磯上浪小，而磯隙則有分泄之流注于磯下之平水，可謂盡水之理矣。刻詩：此石捐置蓮花寺中海心亭。［一］

亂石起伏成蒼磯，清流忽觸踴水磯。荀悅語。狂瀾怒激雪花白，軒然大波磯上飛。

此是雪浪第四石，更嘆巨幅如門扉。立屏欲傲蘇學士，妙繪又見孫知微。

高山流水縱有志，喧搏如此琴難揮。雪窗靜玩畫水理，乃覺骨重神寒音正希。

註釋：

［一］海心亭：康熙年間，雲貴總督范承勳、巡撫王繼文于昆明滇池湖中建碧漪亭，俗稱海心亭。

## 四時山水四幅

同高六寸，寬六寸八分。四石皆佳。

一翠岫梨雲。刻銘曰：『翠山淡冶，梨花沍［一］雲。夢中詩路，漠漠不分。』

二嵩陽紅日。刻銘曰：『紅日照山，嵩陽萬里。石背烏雲，含雨重矣。』

三桂林月影。刻銘曰：『如絹透光，桂林枝直。畫所不能，金波之色。』

四寒山殘雪。刻銘曰：『寒山玲石，反如假山。雪消未盡，玉屑斑斑。』山右似有二人立而語。

註釋：

［一］沍：閉，塞。

## 臘雪朝曦研屏

二石，一直一橫。皆六寸八分，三寸半。

前石淡綠色山，山下平原有碎白點，自上而下落于地。刻曰：『臘雪強飛才到地。』後石平岡迤邐，皆紅色。刻曰：『朝曦迎客艷重岡。』皆蘇句也。後石背右有綠山，左皆雲霞。刻曰：『其皴則叔明，其渲則房山。』

二石二囊，成一對研屏致佳。給伊公子。［一］

註釋：

［一］伊公子：或爲伊里布之子。

## 紫煙

高五寸八分，寬八寸四分。

近山松巒，遠山皆紫。刻『煙光凝而暮山紫』七字。右峰上平處，宛然有一人，長半寸，幅巾向右坐，但見其背不見其面。石之後面則皆是一片雲天，無山林紫色矣。刻詩曰：

煙光暮凝紫，遠籠紫閣松。分明宋人畫，著色分淡濃。
畫仙自寫像，獨坐玉局峰。侍者有童子，可見希微蹤。
何因背右坐，乃玩雲天容。

## 春山小幅

高尺五分，寬七寸。

淡綠色山，山上有白點如彈粉法。山右下角有青白色流水，右上角有淡黄色日光。刻銘曰：

冰泉暖流，苔岑淡綠。殘雪烘晴，遠梅點玉。彈粉畫成春山小幅。

## 米袖四時小景四石

同高三寸，寬二寸二分。

一花谷煙霞。上下山林雜色，間以青煙紅霞。背尤勝。

二松山風雨。左右兩峰，右峰有松，中有斜風暴雨之勢。

三林葉初霜。是林葉秋蒼，而下有黄葉。

四　冰池殘雪。小山曲池，殘雪猶積。

四石皆極精妙，名曰『米袖』，米袖中未有此也。

錦綉萬花書有谷，雲霞五色畫皆仙。如何三寸蒼山石，幻出山林十里煙。春

驟雨斜風或有龍，筆痕橫掃墨雲濃。畫家特與添新意，傲立西峰百尺松。夏

小樾高林半老蒼，會須略與畫新霜。卻將不甚禁秋葉，染出婆娑一樹黄。秋

研池冰上雪初殘，翠石蒼苔小硯山。不入米顛袍袖裏，此屏也合筆牀間。冬

## 錦綉萬花谷

圓。徑一尺。

正面中横一山，有起伏之勢。山色已成紅綠諸色，山頭雜樹成林，點綴繁花，紅白紫黄各色皆備，右猶濃艷，不知何以奇幻至此。再上則遠山兩層，煙嵐縹渺，亦合畫家古法。刻曰：『《錦綉萬花谷》，書名也。蒼山畫仙此幅，各花采色皆備，真神品矣，亦可以名之。』

背則下半如深壑，崖石具有淡筆鈎勒痕跡，而山上皆有白點如梅。刻曰：『香雪海，蒼山畫仙仿龍眠山人。』復刻小銘曰：『衆壑低青梅，花滿白瀛海。雪香畫仙所宅。』

石厚不過如三四銅錢，何以翻轉各成其畫。巒頭顔色兩面迥然不同，造化之巧，不可思議。

## 雲臺清曉

高五寸八分，寬八寸四分。

橫山下有雲氣，山上有一臺，圓而平，頂似可登者。左山林有初陽紅色。右上角有微雲籠缺月。刻詩曰：

清曉登高臺，山足白雲靜。初陽照東林，缺月淡西嶺。

紅樹已騰輝，青霞尚籠影。石友即畫仙，爲我寫此景。

## 集退之句

高六寸八分，寬六寸半。

集韓句曰：『山石犖確[一]行徑微，出入高下窮煙霏。山紅澗碧紛爛漫，芭蕉葉大支子[二]肥。』石畫之妙，煙霏紅碧，全如此句矣。所尤異者，綠陰之旁有一叢白點，如支子花耳。

註釋：

[一]犖確：怪石嶙峋狀。

[二]支子：梔子。

## 斜陽煙柳

方。徑四寸二分。

下有雜樹，土有高柳，淡黄旖旎，又帶斜陽之色。迎光照之，則煙景更爲透明。背刻曰：『辛幼安詞曰：「莫去依危樓，斜陽正在，煙柳斷腸處。」』

## 浣花溪圖

高三寸七分，寬六寸六分。

正面岸山一層，岸外溪水一道，宛曲平流。溪岸上有紅白雜花。右邊有高林，花溪之上又有疊岸兩層、遠山兩層，具赭翠之色，含煙雲之趣。刻曰：『浣花溪圖，蒼山畫仙寫子美意。』背則長江平流，上（一）有疊嶂三層，遠山層層皆有煙雲。刻曰：『煙江疊嶂，仿晉卿。』

校記：

（一）道光本作『土』字。

## 秋桑圖

高五寸八分，寬八寸四分。

下是湖水，上有橫岸。其色乾黃可愛，全似霜葉。霜葉未有如此成片而無雜樹以間之者，惟秋霜如此。刻曰：『吳興桑田之多，與稻相半。昔年試士過苕、霅[一]間，秋霽霜林，黃葉滿岸。曾以《秋桑詩》課士，一時和者甚多。今得此石，可爲舊詩作繪矣。』

背則下角有小岸樹，上有遠岸，中則水波清遠。刻曰：『吳興山水以清遠爲佳。到碧浪湖，更見鷗波之妙。此小幅惜松雪未見也。』此幅與《白牡丹》《紫煙》《雲臺清曉》四幅尺寸相同，皆鑲錫邊。同爲一匣，各具妙用。

註釋：

[一]苕、霅：苕溪、霅溪二水的並稱。在今浙江省湖州市境內，唐代張志和隱居之地。

## 霧景

圓。徑八寸三分，團扇式。

左兩重山，右一峰，皆渾淪如曉霧未開之景。因思自昔畫家各景皆畫，鮮畫霧者。所選石畫，日月風雷霞雨雪，無所不備，尚未有霧。今選此石，可備一格。

## 雲龍風虎

二石。同高一尺，寬一尺四寸。

右石，雲黑白色。雲中向左現一龍頭形，一角一目，噓氣成雲，身藏不見。左石，爲綠色山。向右現一虎形，頭身皆有威勢，上有風色。分看尚不爲奇，合看則二石相對而左右不錯，真巧矣。各繫小銘：

雲龍之石，畫于葉榆。自噓雲氣，化爲玄珠。

風虎之石，畫于葉榆。素文未炳，虎中騶虞。康熙初，雲南有騶虞。[一]

註釋：

[一]騶虞：傳說中的仁獸，義獸。白虎，黑文，不食生物，有至信之德則應之。

## 仿米元章

圓。徑七寸。

中立兩峰，確是大米，且淡著色。背有水天曉日之色，非畫筆所能。刻曰：『余昔過洞庭湖，曉色如此。』

此幅極爲融渾。

## 花麓霞城

圓。徑六寸三分。

山足横林，有雜色花點綴。上嶺碧色松林，再上則濃淡山兩層，山外紅霞滿天。此幅雖小，極爲濃麗。付恩桂[一]侄。

山上青排十里松，山前桃李鬧春風。春風猶恐無顔色，吹出霞城萬丈紅。

註釋：

[一]恩桂：阮元孫女，阮孔厚女，道光十一年（一八三一）生，適孫朝恩。

## 翦淞圖

高一尺，寬一尺一寸半。

上有横山，淡翠色，多白點。下皆水也，但水紋中似裂開兩半，不似他幅波紋流成一片。此無理之至，不可入選矣。忽憶杜句『剪取吳淞半江水』之句，乃化腐爲奇，且刻詩。此石寄與淞江王蘭泉先生之孫紹基。[一]

焉得剪取吳淞半江水，杜老題圖戲言耳。畫仙拈句真寫圖，刀尺會須論萬里。

吳淞江水清且平，忽然中裂如有聲。一泖分流成兩泖[二]，橫雲山翠花雪明。翻畫中詩復成畫，詩畫已奇石尤怪。磨成我向高堂掛，始識仙人剪刀快。

註釋：

［一］淞江王蘭泉先生之孫紹基：王昶（一七二四—一八〇六），字德甫，號述庵、蘭泉、琴德。青浦人，乾隆十九年（一七五五）進士，官至刑部右侍郎。辭官後主講婁東、敷文、詁經精舍。有《春融堂集》《金石萃編》，編成清代散文總集《湖海文傳》。與阮元素有交誼。王昶家臨松江泖湖，少時臨《三泖漁莊圖》，索人題詠。

［二］泖：水面平靜的小湖。

按：王昶長孫王紹基，字純夫，諸生。天性誠篤，『克承家學，好文章而詩亦工』。

## 輞川孟城坳圖

高四寸，寬五寸五分。

山坡石徑，行跡朗然。路口高樹，綠陰夭矯。行入小山城似孟城矣。是宋畫。透明

## 疊嶂煙江

高四寸，寬六寸二分。

陳如冬《疊嶂煙江》

山如碧玉，山外有兩層林嶺，又有日光嵐氣，渾融鮮濕。最遠爲江，此乃從嶂上俯視疊嶂遠及于江者，與煙江疊嶂不同。背則下方是水，上有淡遠橫山，是對岸也。

## 石筍峰

高一尺六寸，寬一尺二寸。

綠色石筍六七個。中一筍特長，一尺三寸，綠色。刻曰：『石筍峰，《雲林石譜》有石筍，此乃畫石爲筍，且有擰斑節縫。』背則下方小有山石，而上皆青煙，煙中又有縱橫白痕。刻曰：『耕煙。畫家有號「耕煙散人」[一]者，以此贈之何如。』

註釋：

[一]耕煙散人：王翚（一六三二—一七一七），字石谷，號耕煙散人、劍門樵客、烏目山人、清暉老人。常熟人。虞山派著名畫家，『清初四王』之首。

## 纖月

高五寸三分，寬六寸六分。

下有山腳，上有雲氣。一彎纖月，仰見于朦朧之中，極清楚尖細。寄京。

夜山天外有微雲，影出纖纖仰月痕。不是五更催曉色，會當初四已黄昏。

## 山紅澗碧柳暗花明

高九寸半，寬一尺一寸。

上下山石雜紅碧色，而下方又有如嫩柳新花者。故刻曰：『山紅澗碧，韓退之初出煙霏；柳暗花明，陸放翁又疑村路。』背則上有緑巖白點，下有淡黄樹林，名曰『梅柳渡春』。刻曰：『煙柳新黄，遠梅殘白，乃王叔明著色于石。』

此石兩面皆絶色，與『錦綉萬花谷』方圓相埒。

## 桃花源洞圖

高五寸七分，寬五寸。

一面刻『漁舟逐水愛山春，兩岸桃花夾去津』。又刻『春來遍是桃花水，不辨仙源何處尋』。一面刻『桃花源洞』，又刻『遥看一處攢紅樹，近入千家散花竹』。

此石雖小而蹊徑分明，且有圓洞，色澤鮮明，雅與題稱。

## 彩谷斜曛

高八寸五分，寬七寸。

刻其背曰：『其虛處，則有斜曛青靄，紅影素煙。其實處，則有翠壁丹巖，白花綠樹。淡冶殊色，鮮濕交融。希世天然，永宜珍賞。』

## 青雲路

高七寸，寬八寸。

下有山足，上皆雲氣，青色，如（一）重簾疊縠之紋。刻曰：『青雲路，志科目者，當以此爲吉。』背則山上有一樹，且透明，摹『桂生高嶺，雲露方得泫其花』十字。右邊似有折桂者數人，付恩來。

校記：

（一）光緒本作『以』。

## 仿郭河陽四時山水

四石。同高五寸，寬六寸。

郭熙《畫訓》云：『四時嵐氣不同。春山澹冶如笑；夏山蒼翠欲滴；秋山明淨如妝；冬山慘澹如睡。』久欲配成四石，今始克成。

第一石 如小山花樹，而以煙氣澹之，真所謂『澹冶如笑』者；第二石 如蒼嶺濃嵐，鬱然濕翠，真所謂『蒼翠欲滴』者；第三石 九峰，峰峰有彩色，如秋爽晴時，真所謂『明淨如妝』者；第四石下爲水，上爲山。平卧有雪，真所謂『慘澹如睡』者。

## 六屏風十二小幅

十二石。同高八寸三分，寬六寸七分。

四時著色山水，各肖所題，皆爲能品。由滇寄回，令每二幅爲一屏，製小屏六扇焉。

一 春郊殘雪，二 柳塘水漫，三 連山煙雨，四 綉谷花林，五 午風藻夏，六 綠野甘霖，七 蒼麓浮嵐，八 翠巘[一]流霞，九 秋岸朱濤，十 晚嶠[二]霜林，十一 冰湖梅嶼，十二霰巖寒瀑。

註釋：

[一]巘：大山上的小山。

[二]嶠：山道。

南宋　米友仁　瀟湘奇觀圖卷

## 秋溪歸棹

方。五寸。

下有小山，老樹一株，夭矯分明。山外是水，水外又山。右水上有一小舟，如瓜子大，且似有二人坐船頭。刻蘇東坡扁舟老樹之詩，亦因山上有黄色林葉也。

## 翡翠巖

高一尺五寸，寬一尺八寸。

刻曰：『翠爲青羽，翡乃紺羽。兼言翡翠色，必青而揚赤也。此幅數峰濃翠，已爲罕見，而于雲日之下，又多紺色。故題曰「翡翠巖」。趙嘏詩曰「翡翠巖前半日閑」。畫意詩情，相與清賞。』

## 湖山倒影圖

高一尺一寸，寬八寸。

上有山峰，綠色。下有山峰，青色。又有水紋與之同青色，且下峰乃峰尖向下，故謂之倒影，巧妙已極。

此石乃張氏蘭坡所寶藏。刻曰：『雲臺先生曾有句云：「煙靜湖水明，山影向湖倒。碧鏡舒黛眉，繪事遜兹巧。」此石下半恰是湖山倒映之影，真巧繪也。』

## 四更山吐月

高半寸，寬一尺二寸六分。

中横淡緑色山，三四峰。上有黑雲色雲，中隱現彎月。山下水中亦破現白色。刻曰：『四更山吐月，殘夜水明樓。』特無樓耳，餘景皆合。

## 柴門月色

方。九寸。

淡黄色山，朦朧如在月下。山中間空白，山脚有如柴門者。迎日影、燈光照之，透明更如月色矣。

## 菜花溪

寬三寸半，高二寸許。

刻曰：『十里松林近水涯，白雲深處野人家。扁舟昨向溪邊過，一路沙堤開菜花。』袖石之精者，詩足以寫其形。此石給吴若灝[一]外甥。

註釋：

[一]吴若灝：吴若灝，號之京。浙江錢塘人。光緒十七年（一八九一）任鄒縣知縣。

# 晴雨二石

同高三寸，寬四寸。

晴者，下有煙氣，上有横嶺，嶺外有紅色。刻曰『翠嶺晴光』。雨者，下有山林，上有碧峰，二角爲煙雨所遮，半藏半露。刻曰『碧岑煙雨』。

# 雲霞雪月

高六寸，寬五寸。

背刻曰：『雲霞雪月同時並見，惟點蒼山有之，余親見之。而此石遂自畫之，少所見者勿怪也。』

## 寒鴉圖

高七寸六分，寬八寸四分。

赭綠畫。刻曰：『李成《寒鴉圖》久爲名跡，此石主峰傑立，坡坨下迤，已似營丘畫法。又有黑斑如鴉，且飛且集。六一居士鴉石屏未知有此神韻否？』

## 丹青小幅

高八寸，寬九寸。

下有起伏之山，山上似日光，多紅色。刻曰：『以丹青畫元人山水，易愴矣。何此幅之彩融而神韻也。』

背則丹色更鮮，上有日腳，下有洞口。刻曰：『丹砂仙洞，紅日照山。』此與《春山小幅》一紅一綠，各具其妙。又一小者，高四寸，寬五寸，色比此尤鮮，且有雜花點。

## 海濤夕照

高一尺五分，寬八寸五分。

上有遠山六七峰，皆紅色。下有大波軒起。刻曰：『雲臺先生《觀海》詩云：「天風吹大水，落日滿群山。」此石畫之。蘭坡選。』

## 碧雞金馬

高七寸二分，寬九寸三分。

一面刻曰：『雲臺先生《看碧雞山》詩云：「況當落日餘霞後，正是塗金刷翠時。」此石畫之。』

一面刻曰：『雲臺先生《看金馬山》詩云：「夕陽無限好峰巒。」此石畫之。蘭坡選。』

## 石壁水田

高八寸，寬七寸。

下有綠林，上如一片積水。水上石壁，壁色在藍翠之間。此色罕見。刻曰：『石壁嵐光生翡翠，水田天影凍玻璃。雲臺先生句也。蘭坡選。』

## 剡溪雪浪

高八寸四分，寬五寸八分。

兩面皆群峰雪景，而正面且有大浪下流之狀。刻曰：『剡溪雪浪。爲其合昔年阻雪剡溪[一]景也。』此與《雙仙畫石》《綠浮屠》《十九峰》三石同尺寸。錫邊。同一匣。

註釋：

［一］剡溪：剡溪爲浙江紹興嵊州境内主要河流，剡溪至上虞與曹娥江相接。夾岸青山，溪水逶迤，有『剡溪九曲』勝景。沿溪古跡衆多，歷代詩人多吟詠剡溪詩文。

## 昆池華岫圖

高一尺二寸半，寬一尺六寸。

上有綠色山，四五峰。下有大水，右有紅霞。背則水上綠山，山上又有一層紅色，山色更鮮明。刻曰：『碧雞山在太華之北，下臨滇池。落日餘霞，塗金刷翠，此石如之。』

## 榴花嶺

高四寸，寬六寸半。

畫山兩層，下層山右花色尚雜，山左則花甚紅。擬之于桃不合，惟榴花似之。白香山詩曰：『商山秦嶺愁煞人，山石榴花紅夾路。』右嶺上似有一人扶杖登嶺而回顧。此幅爲香山寫歟？

陳如冬《石中石》

## 石中石

高六寸二分，寬七寸。

刻曰：『此真玲瓏石耶？抑假山石耶？古亦有畫假山石者，倪迂、徐賁《獅子林》是也。此山石非假而畫反假，石中有畫，畫中有石。造物變幻，《禹貢》曰怪而已矣。』

## 天遊圖

高八寸五分，寬七寸。

題曰：『宛然有二仙同坐綠嶺，具共語之狀。其下則溪壑煙深，風泉相涣。其上則雲霞疊嶂，目不能窮。』

## 秋岑楓樹

高八寸三分，寬六寸半。

上有綠峰，下有丹林。題曰：『山染綠螺黛，霜嚴楓樹林。仙人大設色，寫出此秋岑。』

## 平遠山水

高七寸，寬六寸半。

題曰：『淡墨清溪水，赭青平遠山。若非迂瓚筆，那得此蕭閑。』

## 設色山水

高七寸三分，寬九寸四分。

題曰：『溪頭獨樹占秋光，雲外橫山照夕陽。真是輞川好山水，濃塗石綠淡金黃。』

## 日暮煙波

高六寸，寬九寸半。

上橫遠山，山外有落日之色。下有煙波。刻曰：『「日暮鄉關何處是，煙波江上使人愁」二句，于「暮」字、「煙」字尤切。』

## 春洲花柳

方。徑五寸。

江洲之上，有嫩黃之柳，雜色之花，色甚鮮明。背刻『渡江春』三字，亦肖梅柳。

## 四時山水四幅

同高七寸，寬六寸半。

一池塘春草，二翠巖時雨色近藍，三洞天月窟透明，四寒峰飛雪。他石雪景，不過白色在山林之上。此則初雪紛飛，山頭未白。四石寄仲嘉二叔[一]，爲春草池塘也。

註釋：

[一] 仲嘉二叔：阮亨，字仲嘉。

## 朝陽丹鳳

高一尺七寸半，寬一尺八寸半。

山石多赭綠色，正中山上有一鳳，咮、尾、足皆具，餘空處多紅霞日色。

此石大而重，入京時留置二堂几上，與自然銅[一]大瓶相配，以爲永鎮節堂之物。

註釋：

[一] 自然銅：雲南有斑銅製器，其中『生斑』采用高品位自然銅，純手工鍛打而成，產品

多爲花瓶、香爐等。

## 四時山水四幅

同高一尺六寸，寬一尺三寸半。

第一春江飲淥，仿王詵；第二夏嶺鬱雲，仿〔一〕王洽；第三遠岫秋陰，仿馬遠；第四寒峰朝爽，仿李成。

季淳弟曰：『四石久已配成，因石重，回京時憚于遠攜，而省城海心亭放生池榭落成，置之壁間，遂爲五卷之殿。

校記：

〔一〕光緒本作『防』。

# 補輯

## 壬辰春，園梅盛開，有畫者，貌我爲采芝、選石、支柏、扶梅四圖之二

### 選石

年來頗愛大理文石，衆石雜陳，以能合詩畫之意有色澤者，入選。

我心詠匪石，惟石可以轉。文石出天上，棣棣我所選。譬如古畫圖，入手頗能辨。

（《揅經室續集》卷十《壬辰》）

## 樹林石硯屏

古無石畫，唐思黯文饒[一]所蓄多太湖英石。樂天自蘇歸洛，亦惟太湖石兩片而已。惟微之有石硯屏詩曰：『磷磷石屏上，濃淡樹林分』，似有畫意，亦不知何山之石。

我耽石畫如耽酒，得畫便如杯索詩。兩片太湖吟白傳，一屏林樹問微之。

若言坐石能醒處，是我題詩欲醉時。留待後人分去看，泥誰佳句泛誰卮。

（《揅經室續集》卷十《壬辰》）

註釋：

［一］思黯文饒：牛僧孺，字思黯。李德裕，字文饒。

## 對景題兩石屏

遠嶺蒼松蕭寺，晚煙黃葉村莊。嶺外秋陰尚重，村前半有斜陽。

平抹半江秋水，横皴三疊松巒。驀見點蒼仙畫，妙于南宋欽山。馬遠

（《揅經室續集》卷十一《甲午》）

## 夏日雨晴題霞天急雨石畫硯屏

近嶺蒼蒼夏木叢，遠山罩日映霞紅。一天急雨飛騰後，半面斜陽變幻中。

風掛白痕尚銀竹，雲收翠影欲紗籠。世間無此丹青手，石畫方屏是化工。

（《揅經室續集》卷十一《丁酉》）

## 快雪時晴石畫研屏

今年天早寒，初冬雪已快。三夜白盈尺，及晨寒氣殺。
開軒天乍晴，朝陽滿窗曬。忽憶時晴帖，合此石中畫。
摩挲雪林圖，玉煙透光怪。狄家古石屏，詩留山谷派。
晉帖及蘇帖，一段好詩話。若更評丹青，應下米顛拜。

石屏上有翠林，下有雪氣，左方又有初陽紅色，照日透明，雪氣盎然。昔狄詠有雪林石硯屏，東坡詩有『風花亂紫翠，雪外有煙林』之句。山谷和詩亦有『翠屏臨研滴，明窗玩寸陰』之句。此石余既刻『雪林』二字擬之，又摹『快雪時晴』字于上方，翠林畫意，酷似東坡詩意。丁酉十一年三月雪晴玩題。

（《揅經室續集》卷十一《丁酉》）

以上据『新文丰』《丛书什么样成新编》第六九册

## 大理石畫雲臺清曉圖記

石寬八寸許，高六寸。

天然雲山，山下白雲滃然，雲上有兩峰，綠色。東峰銳，西峰平。其上如人力鑿斷半截，亦畫家插崖法也，故酷似臺。臺西山路似橋非橋，似有人騎而來，將繞臺南登臺者。騎前似有輇者，後似有抱琴者。東峰之下似有山林紅色，則初日欲昇之影也。西峰之上似有缺月淡于曉嵐之中，暗然而彰，與東上紅光相對，是初死霸之月，如此乃與峰東之日光有相距，度數之理，在一百五六十度間矣。石之背，則全是雲氣，無山，惟石西微現紅影，則石東之霞透背者也。予鐫一詩于石背曰：

清曉登高臺，山足白雲靜。初陽照東林，缺月淡西嶺。紅樹已騰輝，青霞尚籠影。石友即畫仙，爲我寫此景。

余畫小像多矣，未曾畫雲臺，即索畫者爲之，亦不能有雲有臺，有日有月，佈景著色如此之天然親切也。此外則小竹林茶隱石，能畫『茶隱』二字之意，皆石畫之仙者矣。

（《揅經室再續集》卷三）

以上據《清代詩文集匯編》四七七冊

# 附録

## 《彩雲圖》石與阮元《五色雲屏》詩

蔣暉

《石畫記》卷一，阮元《五色雲屏》詩：

鼇足既立還補天，有五色石可以煉。石破天驚秋雨晴，彩雲流作雲南縣。
漢元狩雲入蒼山，二千餘年看不見。雲化爲石無處尋，石若爲雲亦能變。
五丁夜半踏天來，割取彩雲持一片。是雲是石渾不知，紅綠青黃雜爲絢。
前驅望舒後飛廉，旗節虬螭擁雷電。雲中君兮在雲中，冠劍切雲采衣袨。
靈連蜷兮曷歸來，歸極蒼山睨真面。爛然立作四尺屏，配我端溪三尺研。

其詩序曰：『五色雲畫屏，高二尺九寸，寬一尺五寸。似雲具五彩，縵縵相糾，似有一人冠服峨峨立于雲中，且多儀衛。』

關于此石的另一則綫索，也在《石畫記》，卷一記《漢彩雲圖》：『漢彩雲圖，團扇式。徑七寸半。面有數峰綠色，右邊有雲氣四五層轉入石背，散開爲綠黃青白十數層。雲南之名，舊志以爲因漢元狩年彩雲見而得名，此其遺歟？道光十一年正月初十日，彩雲見于昆明，有紅紫黃綠青五色勝于此。』

以石頌聖，謳歌政治清明，也可見阮元對此石的看重與喜愛。《石畫記》卷五，阮祜再記《彩雲圖》石：『此石載在第一卷，陳雲伯世兄有和詩。嚴親允以此石贈雲伯，雲伯又作一詩，今載詩于後。』根據阮祜所記，

伊里布銘《彩雲图》大理石屏

阮元初得此石，陳文述當時有和詩《琅嬛仙館五色雲石屏歌》：

白雲偶向青山出，日華照之成五色。雲氣在天根在石，深入石膚融石脈。
石髓凝作五色雲，一雲一色交氤氳。糾縵縵兮梢輪囷，司此雲者雲中君。
青雲之青赤雲赤，黄雲之黄碧雲碧。太平呈瑞旱爲霖，海内望雲如望澤。
石兮石兮雲之精，雲兮雲兮石之英。是雲非雲雲有名，非雲而雲雲有情。
雲之君兮從何來，桂旗羽葆相徘徊。朝天應自天閶回，金闕妙選群英才。
侍從群真盡仙侶，雲髻峨峨更仙女。天上神仙足官府，仙任重遊儷茆許。
前生位業文昌宫，長生無極群仙宗。吐氣作云云色紅，玉皇高捧天當中。
我是閑雲無色者，隨風來去鴻濛野。空同元鶴倘相逢，來逐雲龍話金馬。

阮元答應將此石贈送，陳文述爲彩雲圖石再賦新詩，即《琅嬛師相滇中來書命賦一詩許以五色雲石屏相贈更賦一首》：

先生手煉五色石，化作慶雲補天缺。尚留餘氣還石中，石亦化雲成五色。
先生愛石兼愛雲，謂我頗似雲中君。我近煉氣兼煉神，還虛合道全吾真。
先生文字通真宰，亦似黄山大雲海。謂我詩格勝杭厲，五色毫端彩雲彩。
以石贈我易我詩，我詩未必如石奇。銀河滌筆浣雲錦，誰知吐盡春蠶絲。
抱石歸來枕雲卧，夢入滇雲踏雲過。唐梅結子正和羹，卿云一曲猶能和。

根據阮祜所記『雲伯又寄言寒家不能守，捐嵌嘉定震川書院書室壁間，並請書《五色雲石室》匾』，此石自雲南寄送嘉定，遙遙萬里輾轉到了江南。即使以阮元藏石之富，也是異數。亦可見阮元對此石的看重。可惜，阮氏揚州藏石，晚年皆毁于丙丁，令人感慨。想要一睹五色雲石屏的風采，今人只能從文字裏想象了。但據我查訪綫索，阮元當時有許多贈送親朋好友的藏石，如《石畫記》中也曾記載之物，倒是百年以後，有可能僥倖留存天地間，鴻泥雪爪，宛然若在，但因不曾親自考察、目睹，不能輕易定論。

去歲，偶見一大理石屏《彩雲圖》，刻款爲伊里布。其上鐫刻洋洋百言詩跋，泥金填字。考究其詩，恰是《石畫記》卷一阮元《五色雲屏》詩之和作，鈔録如下：

道光辛卯孟春月，祥雲飛覆昆明縣。五色具修炫鮮明，連日不散人共見。
憶昔西漢元狩年，雲南名因雲彩絢。依稀神過爛旌旆，仿佛仙來燦衣袨。
誰測飛入點蒼山，雲石神明互相便。屏障何須五丁開，畫仙持送我一片。
珍異不此天孫支，光芒竟是女媧煉。銀氣皜皜似飄雪，金綫閃閃如發電。
忽爲雲彩忽爲石，究竟何者是真面。在天在地同紀瑞，且留配吾紀事研。

所刻長詩，不録于《石畫記》，但與阮元之《五彩雲石屏》詩高度契合，斷非今人所能。據我研究，此石屏當是道光舊物，器物本身渾然璞玉，氣度端凝，石材顔色絢麗斑斕，非今日礦區坑口所産。細看畫意，正與阮、伊所詠長歌印證。

阮、伊二公，道光時同在昆明擔任雲貴總督、雲南巡撫。公務之暇，徵石自娱，多有唱和，這種情形在《石畫記》内多有存在，如《嶧陽孤桐》《浮嵐暖翠》《春夜桃李園圖》《雪林圖》諸石，皆爲阮元藏石，而伊里布亦皆有詩。《石畫記》中，多有二人互相索石、交換的材料，如《小有天》一石，阮元甚寶愛之。伊里布『意欲奪之，而愧無韓幹之馬。我懲于東坡之拂晉卿也，遂以此石（小仇池穴）歸之。』《石畫記》中有伊里布長詩，專記此事，正是一般好石者之寫照。

《石畫記》有許多二人共同品題的内容。二人藏石，又多有同名異石，如阮元藏有《羅浮梅圖》，『伊中丞亦有羅浮梅，比此大，特無海水耳』。又如阮元藏《月中山影》石，『月中山影燈硯屏。高八寸七分，

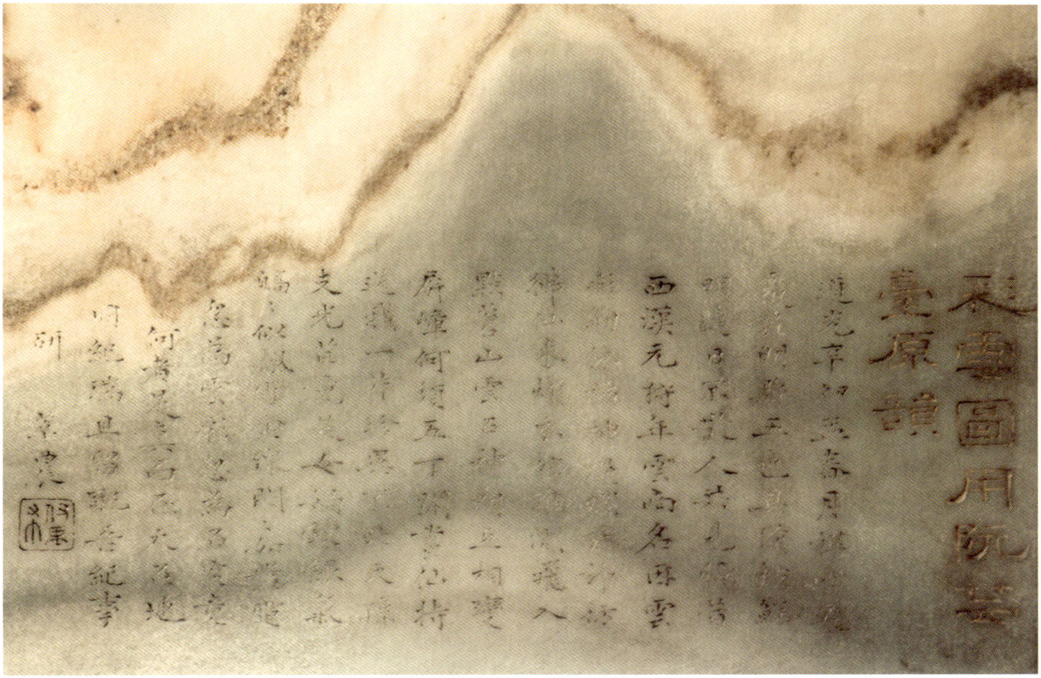

伊里布銘《彩雲图》大理石屏局部

彩雲图用阮芸臺原韻

道光辛卯孟春月，祥雲飛覆昆明縣，五色具備炫，連日不散人共見。憶昔西漢元狩年，雲南名因雲彩絢。依稀神過燦旌旆，仿佛仙來燦衣袨。誰測飛入點蒼山，雲石神明互相變。屏嶂何須五丁開，畫仙持送我一片。珍異不比天孫支，光芒竟是女媧煉。銀氣皜皜似飄雪，金線閃閃如發電。忽為雲彩忽為石，究竟何者是真面。在天在地同紀瑞，且留配吾紀事研。莘農

寬七寸八分。白淨透明，中有淡綠峰巒如月下看山。石背如水中倒影。余集司空《詩品》四句銘之曰：『如月之曙，淡不可收。如覓水影，與之沉浮。』伊里布，也有同名之石，『伊中丞亦有一石與之相似。高九寸三分，寬九寸。亦同此銘』。

這一現象，當非偶然。

當時阮元在昆明采買選石的情況，由張蘭坡負責，專門前往大理石集市或深入礦區，采購數量不等的石頭，再供他們共同品評挑選。伊里布藏石的狂熱，不輸阮元。《石畫記》中歸于伊里布名下的藏石不少。《舞鶴賦》《梨花雲》《龍雨圖》《錦浪》《松石間意 枯樹》《翠石燈硯屏》《鬱雲圖》《點蒼秋雪》諸石，都屬于伊里布藏品。阮元特別提及，『辛農尚有海上蓬萊、驚濤拍岸諸佳石，未悉録』。

根據以上情形推測，二人皆嗜石，同城一地，采辨佳石、藏品時有交換，甚至惠及子弟，如阮祜藏《平江松岸》石，即爲伊里布所贈。

阮元當年贈給陳文述的《五色雲屏》石，起初陳設于嘉定書院，終于湮滅。世事蒼莽，道光時代的祥瑞、《彩雲圖》石，似真有神靈呵護，頑石輾轉人間百年，也是異數。

圖書在版編目（CIP）數據

石畫記 / (清) 阮元著 ; 蔣暉校註. -- 杭州 : 西泠印社出版社, 2019.8
ISBN 978-7-5508-2847-6

Ⅰ. ①石… Ⅱ. ①阮… ②蔣… Ⅲ. ①石－中國－古代－圖錄 Ⅳ. ①G262.9-64

中國版本圖書館CIP數據核字(2019)第190315號

石畫記
(清) 阮元著 蔣暉校註

出品人 江吟
責任編輯 侯輝
責任出版 李兵
責任校對 徐岫
裝幀設計 王欣
圖片攝影 儲岱越 蔡小川 周啟成
出版發行 西泠印社出版社
(杭州市西湖文化廣場三十二號五樓 郵政編碼 三一〇〇一四)
經銷 全國新華書店
製版 杭州如一圖文製作有限公司
印刷 浙江海虹彩色印務有限公司
開本 七八七毫米乘一〇九二毫米 十六開
印張 二十點五
印數 〇〇〇一—二〇〇〇
書號 ISBN 978-7-5508-2847-6
版次 二〇一九年八月第一版 第一次印刷
定價 貳佰貳拾捌圓



西泠印社出版社發行部聯繫方式：（〇五七一）八七二四三〇七九